CLASSIQUES
& CIE
LYCÉE

JEAN DE LA FONTAINE
Fables
Livres VII, VIII, IX
(1678-1679)

suivi d'une **anthologie sur la fable**

Texte intégral suivi d'un dossier critique
pour la préparation du bac français

Collection dirigée par **Johan Faerber**

Édition annotée et commentée par **Michel Vincent**
Professeur des Universités

Fables (livres VII, VIII, IX)

- 11 Livre VII
- 61 Livre VIII
- 125 Livre IX

QUESTIONS

pour vous GUIDER

Une rubrique, au fil du texte, pour vous aider à interpréter les passages clés et acquérir des outils d'analyse

- 21 Une fable tragique • « Les Animaux malades de la peste » (VII, 1)
- 35 Une satire de la société monarchique • « La Cour du Lion » (VII, 6)
- 42 Une fable familière et lyrique • « La Laitière et le Pot au lait » (VII, 9)
- 66 Une leçon de sagesse • « La Mort et le Mourant » (VIII, 1)
- 70 L'argent ne fait pas le bonheur • « Le Savetier et le Financier » (VIII, 2)
- 73 Flatter est un art • « Le Lion, le Loup, et le Renard » (VIII, 3)
- 89 Un éloge de l'amitié • « Les Deux Amis » (VIII, 11)
- 97 Un roi cruel et naïf • « Les Obsèques de la Lionne » (VIII, 14)
- 147 Une fable satirique • « L'Huître et les Plaideurs » (IX, 9)
- 172 Un débat philosophique : les animaux ont-ils une âme ? • « Discours à Mme de La Sablière » (IX)

© Hatier Paris 2017 - ISBN 978-2-401-028104

Conception graphique de la maquette : c-album, Jean-Baptiste Tasine et Rachel Pfleger ; Studio Favre & Lhaïk ; dossier : Lauriane Tiberghien
Mise en pages : Chesteroc Ltd
Suivi éditorial : Luce Camus.

L'anthologie sur
La fable

La fable grecque
179 **Ésope**, « Le Corbeau et le Renard » • 180 « La Queue et le Corps du Serpent »

La fable latine
181 **Phèdre**, « L'Âne se moquant du Sanglier »

La fable orientale
183 **Pilpay**, « D'un Jardinier et d'un Ours »

La fable au XVIᵉ siècle
185 **Rabelais**, « Le Bûcheron qui a perdu sa cognée »

La fable au XVIIᵉ siècle
187 **Mathurin Régnier**, *Satire III* • 189 **La Fontaine**, « Le Songe d'un habitant du Mogol » • 192 « L'Homme et la Couleuvre » • 195 « Le Paysan du Danube »

La fable au XVIIIᵉ siècle
197 **Houdar de La Motte**, « Les Amis trop d'accord » • 199 **Voltaire**, extrait du *Dialogue du Chapon et la Poularde* • 201 **Florian**, « L'Aveugle et le Paralytique »

La fable au XIXᵉ siècle
203 **Charles Baudelaire**, « Les Hiboux » • 204 **Victor Hugo**, « Quiconque est amoureux... » • 207 **Alfred de Vigny**, « La Mort du Loup »

La fable au XXᵉ siècle
209 **Kafka**, « La Petite Fable » • 209 **Orwell**, *La Ferme des animaux* • 211 **Buzzati**, « Les Souris » • 214 **Anouilh**, « La Cigale » • 216 **Raymond Queneau**, « La Cimaise et la Fraction »

Le dossier

REPÈRES CLÉS

POUR SITUER L'ŒUVRE

220 REPÈRE 1 ♦ **Le Grand Siècle**
223 REPÈRE 2 ♦ **La vie et l'œuvre de La Fontaine (1621-1695)**
225 REPÈRE 3 ♦ **La place des livres VII, VIII, IX dans les *Fables***

FICHES DE LECTURE

POUR APPROFONDIR SA LECTURE

227 FICHE 1 ♦ **La structure des livres VII, VIII et IX**
232 FICHE 2 ♦ **La peinture des animaux**
236 FICHE 3 ♦ **Formes et procédés de l'argumentation**

THÈME ET DOCUMENTS

POUR COMPARER

Thème > **La satire sociale : le procès de la cour**

241 DOC. 1 ♦ **Mathurin Régnier**, *Satire III* (posthume 1613)
242 DOC. 2 ♦ **Molière**, *Le Misanthrope* (1666), acte III, scène 5
244 DOC. 3 ♦ **La Fontaine**, « La Cour du Lion », *Fables*, VII, 6 (1678)
244 DOC. 4 ♦ **La Bruyère**, « De la Cour », *Les Caractères* (1688), 62
245 DOC. 5 ♦ **Saint-Simon**, *Mémoires* (1743-1752)
246 DOC. 6 ♦ **François Marot**, Première promotion des chevaliers de l'ordre de Saint-Louis (1710) ◉

OBJECTIF BAC

POUR S'ENTRAÎNER

> Sujets d'écrit

247 SUJET 1 ♦ **Comment vivre au mieux ?**

248 SUJET 2 ♦ **Le procès de l'homme**

> Sujets d'oral

249 SUJET 1 ♦ **Une fable poétique**

250 SUJET 2 ♦ **Une fable comique**

251 SUJET 3 ♦ **Un cochon philosophe**

252 SUJET 4 ♦ **Une tragédie en deux actes**

> Lectures de l'image

253 LECTURE 1 ♦ **La société de cour :** François Marot, *Première promotion des chevaliers de l'ordre de Saint-Louis* (1710) 👁

253 LECTURE 2 ♦ **La Fontaine mis en scène :** *Les Animaux malades de la peste. Mise en scène de Robert Wilson* (2004) 👁

6 **Liste des fables**

254 **Index des fables**

Liste des fables

Livre VII

15	À Madame de Montespan
17	1 Les Animaux malades de la peste
22	2 Le Mal marié
24	3 Le Rat qui s'est retiré du monde
25	4 Le Héron. La Fille
29	5 Les Souhaits
32	6 La Cour du Lion
36	7 Les Vautours et les Pigeons
38	8 Le Coche et la Mouche
39	9 La Laitière et le Pot au lait
43	10 Le Curé et le Mort
44	11 L'Homme qui court après la Fortune et l'Homme qui l'attend dans son lit
48	12 Les Deux Coqs
50	13 L'Ingratitude et l'Injustice des hommes envers la Fortune
52	14 Les Devineresses
54	15 Le Chat, la Belette et le petit Lapin
56	16 La Tête et la Queue du Serpent
58	17 Un animal dans la Lune

Livre VIII

63	1 La Mort et le Mourant
67	2 Le Savetier et le Financier
71	3 Le Lion, le Loup et le Renard
74	4 Le Pouvoir des Fables
77	5 L'Homme et la Puce
78	6 Les Femmes et le Secret
80	7 Le Chien qui porte à son cou le dîné de son maître
82	8 Le Rieur et les Poissons

83	9 Le Rat et l'Huître
85	10 L'Ours et l'Amateur des jardins
87	11 Les Deux Amis
90	12 Le Cochon, la Chèvre et le Mouton
91	13 Tircis et Amarante
94	14 Les Obsèques de la Lionne
98	15 Le Rat et l'Éléphant
99	16 L'Horoscope
103	17 L'Âne et le Chien
104	18 Le Bassa et le Marchand
107	19 L'Avantage de la science
108	20 Jupiter et les Tonnerres
111	21 Le Faucon et le Chapon
113	22 Le Chat et le Rat
115	23 Le Torrent et la Rivière
116	24 L'Éducation
117	25 Les Deux Chiens et l'Âne mort
119	26 Démocrite et les Abdéritains
121	27 Le Loup et le Chasseur

Livre IX

127	1 Le Dépositaire infidèle
130	2 Les Deux Pigeons
134	3 Le Singe et le Léopard
135	4 le Gland et la Citrouille
137	5 L'Écolier, le Pédant et le Maître d'un jardin
138	6 Le Statuaire et la Statue de Jupiter
140	7 La Souris métamorphosée en fille
144	8 Le Fou qui vend la sagesse
145	9 L'Huître et les Plaideurs
148	10 Le Loup et le Chien maigre
149	11 Rien de trop
152	12 Le Cierge

Livre IX (suite)

153	13 Jupiter et le Passager
154	14 Le Chat et le Renard
157	15 Le Mari, la Femme et le Voleur
158	16 Le Trésor et les deux Hommes
160	17 Le Singe et le Chat
162	18 Le Milan et le Rossignol
163	19 Le Berger et son troupeau
165	Discours à Madame de La Sablière

Fables

Jean-Baptiste Oudry (1686-1755), buste de Jean de La Fontaine entouré d'Ésope et de quelques animaux des *Fables*. Coll. Archives Hatier.

Cette édition indique par trois pastilles que la fable se poursuit à la page suivante.

LIVRE SEPTIÈME

AVERTISSEMENT

Voici un second recueil de Fables[1] que je présente au public; j'ai jugé à propos de donner à la plupart de celles-ci un air, et un tour un peu différent de celui que j'ai donné aux premières; tant à cause de la différence des sujets, que pour remplir de plus de variété mon Ouvrage. Les traits[2] familiers que j'ai semés avec assez d'abondance dans les deux autres parties convenaient bien mieux aux inventions[3] d'Ésope[4], qu'à ces dernières, où j'en use plus sobrement, pour ne pas tomber en des répétitions : car le nombre de ces traits n'est pas infini. Il a donc fallu que j'aie cherché d'autres enrichissements, et étendu davantage les circonstances de ces récits, qui d'ailleurs me semblaient le demander de la sorte. Pour peu que le Lecteur y prenne garde, il le reconnaîtra lui-même; ainsi je ne tiens pas qu'il soit nécessaire d'en étaler ici les raisons : non plus que de dire où j'ai puisé ces derniers sujets. Seulement je dirai par reconnaissance que j'en dois la plus grande partie à Pilpay[5] Sage indien. Son Livre a été traduit en toutes les Langues. Les gens du pays le croient fort ancien, et original à

---

1. Le premier recueil, qui regroupe les actuels livres I à VI des *Fables*, avait été publié dix ans plus tôt en 1668, en deux volumes (en deux « parties ») : livres I à III pour le premier et IV à VI pour le second.

2. Traits : idées.

3. Inventions : fictions, fables.

4. Ésope (vers le VIe siècle avant notre ère) : fabuliste grec, considéré à l'époque de La Fontaine comme le père de l'apologue.

5. Pilpay : brahmane (prêtre) plus ou moins légendaire, censé avoir vécu entre le IIe et le IVe siècle de notre ère. L'un de ses livres avait été traduit en français en 1644 sous le titre de *Livre des Lumières ou la Conduite des Rois* (→ texte 4, p. 183).

l'égard d'Ésope si ce n'est Ésope lui-même sous le nom du sage Locman[1]. Quelques autres m'ont fourni des sujets assez heureux. Enfin j'ai tâché de mettre en ces deux dernières Parties toute la diversité dont j'étais capable. Il s'est glissé quelques fautes dans l'impression ; j'en ai fait faire un Errata[2] ; mais ce sont de légers remèdes pour un défaut considérable. Si on veut avoir quelque plaisir de la lecture de cet Ouvrage, il faut que chacun fasse corriger ces fautes à la main dans son Exemplaire, ainsi qu'elles sont marquées par chaque Errata, aussi bien pour les deux premières Parties, que pour les dernières.

---

1. Locman : personnage légendaire arabe que La Fontaine confond (ou feint de confondre) avec Ésope.

2. Errata : fautes d'impression signalées par l'auteur (du mot latin *erratum* « erreur »).

À MADAME DE MONTESPAN[1]

L'Apologue[2] est un don qui vient des Immortels ;
    Ou si c'est un présent des hommes,
Quiconque nous l'a fait mérite des Autels.
    Nous devons tous tant que nous sommes
5   Ériger en divinité
Le Sage par qui fut ce bel art inventé.
C'est proprement un charme[3] : il rend l'âme attentive,
    Ou plutôt il la tient captive,
    Nous rattachant à des récits
10 Qui mènent à son gré les cœurs et les esprits.
Ô vous qui l'imitez, Olympe[4], si ma Muse
A quelquefois pris place à la table des Dieux[5],
Sur ses dons aujourd'hui daignez porter les yeux,
Favorisez les jeux où mon esprit s'amuse.
15 Le temps qui détruit tout, respectant votre appui
Me laissera franchir les ans dans cet ouvrage :
Tout Auteur qui voudra vivre encore après lui
    Doit s'acquérir votre suffrage.
C'est de vous que mes vers attendent tout leur prix :
20   Il n'est beauté dans nos écrits
Dont vous ne connaissiez jusques aux moindres traces ;

ooo

---

1. Madame de Montespan (1641-1707) : maîtresse de Louis XIV depuis 1667, dont elle eut huit enfants.

2. Apologue : petite fable à valeur pédagogique.

3. Charme : envoûtement.

4. Olympe : nom galant et flatteur que La Fontaine donne à Mme de Montespan.

5. À la table des Dieux : à la table du roi et de sa famille.

Eh! qui connaît que vous[1] les beautés et les grâces?
Paroles et regards, tout est charme dans vous.
    Ma Muse en un sujet si doux
25   Voudrait s'étendre davantage;
Mais il faut réserver à d'autres cet emploi,
    Et d'un plus grand maître[2] que moi
    Votre louange est le partage.
Olympe, c'est assez qu'à mon dernier ouvrage
30 Votre nom serve un jour de rempart et d'abri:
Protégez désormais le livre favori
Par qui j'ose espérer une seconde vie:
    Sous vos seuls auspices[3] ces vers
    Seront jugés malgré l'envie
35   Dignes des yeux de l'Univers.
Je ne mérite pas une faveur si grande;
    La Fable en son nom la demande:
Vous savez quel crédit ce mensonge[4] a sur nous;
S'il procure à mes vers le bonheur de vous plaire,
40 Je croirai lui devoir un temple pour salaire;
Mais je ne veux bâtir des temples que pour vous.

---

1. Et qui connaît que vous: et qui d'autre que vous connaît.
2. Il s'agit de Louis XIV.
3. Auspices: protection.
4. Mensonge: fiction.

Fable 1

LES ANIMAUX MALADES DE LA PESTE

    Un mal qui répand la terreur,
    Mal que le Ciel en sa fureur
Inventa pour punir les crimes de la terre,
La Peste (puisqu'il faut l'appeler par son nom)
5 Capable d'enrichir en un jour l'Achéron[1],
    Faisait aux animaux la guerre.
Ils ne mouraient pas tous, mais tous étaient frappés :
    On n'en voyait point d'occupés
À chercher le soutien d'une mourante vie ;
10   Nul mets[2] n'excitait leur envie ;
    Ni Loups ni Renards n'épiaient
    La douce et l'innocente proie.
    Les Tourterelles se fuyaient ;
    Plus d'amour, partant plus de joie.
15 Le Lion tint conseil[3], et dit : « Mes chers amis,
    Je crois que le Ciel a permis
    Pour nos péchés cette infortune ;
    Que le plus coupable de nous
Se sacrifie aux traits du céleste courroux[4],
20 Peut-être il obtiendra la guérison commune.
L'histoire nous apprend qu'en de tels accidents[5]

ooo

---

1. Achéron : nom d'un fleuve des Enfers.

2. Mets : plats.

3. Conseil : assemblée, réunion.

4. Courroux : colère.

5. Accidents : drames, événements malencontreux.

LIVRE SEPTIÈME

Jean-Baptiste Oudry (1686-1755), *Les Animaux malades de la peste*. Coll. Archives Hatier.

FABLE I • LES ANIMAUX MALADES DE LA PESTE

On fait de pareils dévouements[1] :
Ne nous flattons donc point, voyons sans indulgence
L'état de notre conscience.
25 Pour moi, satisfaisant mes appétits gloutons
J'ai dévoré force moutons ;
Que m'avaient-ils fait ? nulle offense :
Même il m'est arrivé quelquefois de manger
Le Berger.
30 Je me dévouerai donc, s'il le faut ; mais je pense
Qu'il est bon que chacun s'accuse ainsi que moi
Car on doit souhaiter selon toute justice
Que le plus coupable périsse.
– Sire, dit le Renard, vous êtes trop bon Roi ;
35 Vos scrupules font voir trop de délicatesse ;
Eh bien, manger moutons, canaille, sotte espèce,
Est-ce un péché ? Non non. Vous leur fîtes Seigneur
En les croquant beaucoup d'honneur.
Et quant au Berger, l'on peut dire
40 Qu'il était digne de tous maux,
Étant de ces gens-là qui sur les animaux
Se font un chimérique empire[2]. »
Ainsi dit le Renard, et flatteurs d'applaudir.
On n'osa trop approfondir
45 Du Tigre, ni de l'Ours, ni des autres puissances
Les moins pardonnables offenses.
Tous les gens querelleurs, jusqu'aux simples mâtins[3],
Au dire de chacun, étaient de petits saints.

ooo

---

1. Dévouements : le fait de se sacrifier pour une cause ou, comme ici, de sacrifier quelqu'un.

2. Chimérique empire : domination imaginaire, fausse.

3. Mâtins : grands et gros chiens de garde.

L'Âne vint à son tour et dit : « J'ai souvenance
        Qu'en un pré de Moines passant,
La faim, l'occasion, l'herbe tendre, et je pense
        Quelque diable aussi me poussant,
Je tondis de ce pré la largeur de ma langue.
Je n'en avais nul droit, puisqu'il faut parler net. »
À ces mots on cria haro sur le baudet[1].
Un Loup quelque peu clerc prouva par sa harangue
Qu'il fallait dévouer[2] ce maudit animal,
Ce pelé, ce galeux, d'où venait tout leur mal.
Sa peccadille[3] fut jugée un cas pendable.
Manger l'herbe d'autrui ! quel crime abominable !
        Rien que la mort n'était capable
D'expier son forfait[4] : on le lui fit bien voir.
Selon que vous serez puissant ou misérable,
Les jugements de Cour vous rendront blanc ou noir.

---

1. Crier haro sur le baudet : dénoncer l'âne à l'indignation et à la vengeance de tous.

2. Dévouer : sacrifier.

3. Peccadille : toute petite faute.

4. Rien que la mort n'était capable d'expier son forfait : seule la mort était capable de lui faire expier son forfait.

« Les Animaux malades de la peste »

Une fable tragique

POUR VOUS GUIDER

3 QUESTIONS

Comment s'exprime la gravité de la situation (vers 1-14) ?

- Par **ce qui est en jeu** : le fléau de la peste et ses ravages.
- Par la création d'une **atmosphère de tragédie** : « terreur » (v. 1), « fureur » (v. 2), « crimes » (v. 3), « guerre » (v. 6), « mourante vie » (v. 9).
- Par une **impression de fin du monde** : plus d'appétit, plus d'amour, plus de joie (v. 14).
- Par le recours à une **période oratoire** (v. 1-6).

En quoi le discours du Lion (v. 15-33) puis celui du Renard (v. 34-42) sont-ils hypocrites et s'opposent-ils au discours de l'Âne (v. 49-54) ?

- Le **discours du Lion** : il est sans risque et hypocrite. Son pire crime, celui d'avoir mangé le berger, est comme escamoté en un vers de trois syllabes (v. 29).
- Le **discours du Renard** : c'est la plaidoirie d'un habile courtisan, qui absout le Lion de toute culpabilité, même de la mort du berger (v. 41, 42).
- Le **discours de l'Âne** : c'est le plus bref. Chaque mot de ses aveux atténue sa faute au point de la rendre inexistante : il a mangé de « l'herbe », et encore fort peu (v. 53) !

Quelle est la réaction de la cour et que vaut son jugement ?

- Réaction immédiate et unanime d'**indignation** et d'**horreur** devant le crime de l'Âne (v. 55) : « Haro » est alors le cri poussé pour déférer le coupable devant la justice.
- Le **réquisitoire du Loup** (v. 56-62) est implacable et scandaleux : une « peccadille » ne peut pas être un « cas pendable » (v. 59) ; symétriques dans la forme, les deux hémistiches (moitiés) de l'alexandrin (v. 60) sont contradictoires sur le fond.
- Le **verdict** est **immédiatement appliqué** (v. 62). Comme l'indiquent les deux derniers vers (v. 63-64), la fable illustre la loi du plus fort.

DÉFINITION CLÉ

Qu'est-ce qu'une période oratoire ?

C'est une **longue phrase**, grammaticalement **complexe**, fortement **rythmée**, qui a pour but de produire un effet solennel ou terrifiant et de mettre en valeur des mots clés : ici, « mal » (v. 1, 2), « peste » (v. 4) et « Achéron » (v. 5).

Fable 2
LE MAL MARIÉ

Que le bon soit toujours camarade du beau,
    Dès demain je chercherai femme ;
Mais comme le divorce entre eux n'est pas nouveau,
Et que peu de beaux corps, hôtes d'une belle âme,
    Assemblent l'un et l'autre point,
Ne trouvez pas mauvais que je ne cherche point.
J'ai vu beaucoup d'Hymens[1], aucuns d'eux ne me tentent :
Cependant des humains presque les quatre parts
S'exposent hardiment au plus grand des hasards ;
Les quatre parts aussi des humains se repentent.
J'en vais alléguer[2] un qui, s'étant repenti,
    Ne put trouver d'autre parti,
    Que de renvoyer son épouse
    Querelleuse, avare, et jalouse.
Rien ne la contentait, rien n'était comme il faut :
On se levait trop tard, on se couchait trop tôt,
Puis du blanc, puis du noir, puis encore autre chose ;
Les valets enrageaient, l'époux était à bout ;
Monsieur ne songe à rien, Monsieur dépense tout,
    Monsieur court, Monsieur se repose.
Elle en dit tant, que Monsieur, à la fin,
    Lassé d'entendre un tel lutin[3],
    Vous la renvoie à la campagne
  Chez ses parents. La voilà donc compagne

---

1. Hymens : mariages.

2. Alléguer : citer comme preuve.

3. Lutin : démon.

De certaines Philis[1] qui gardent des dindons
      Avec les gardeurs de cochons.
Au bout de quelque temps qu'on la crut adoucie,
Le mari la reprend : « Eh bien ! qu'avez-vous fait ?
      Comment passiez-vous votre vie ?
L'innocence des champs est-elle votre fait[2] ?
      — Assez, dit-elle ; mais ma peine
Était de voir les gens plus paresseux qu'ici ;
      Ils n'ont des troupeaux nul souci.
Je leur savais bien dire, et m'attirais la haine
      De tous ces gens si peu soigneux.
— Eh, Madame, reprit son époux tout à l'heure[3],
      Si votre esprit est si hargneux
      Que le monde qui ne demeure
Qu'un moment avec vous, et ne revient qu'au soir,
      Est déjà lassé de vous voir,
Que feront des valets qui toute la journée
      Vous verront contre eux déchaînée ?
      Et que pourra faire un époux
Que vous voulez qui soit jour et nuit avec vous ?
Retournez au village : adieu. Si de ma vie
      Je vous rappelle, et qu'il m'en prenne envie,
Puissé-je chez les morts avoir pour mes péchés,
Deux femmes comme vous sans cesse à mes côtés. »

---

1. Philis : nom d'une bergère dans la poésie galante.

2. Votre fait : de votre goût.

3. Tout à l'heure : aussitôt.

Fable 3
LE RAT QUI S'EST RETIRÉ DU MONDE

    Les Levantins[1] en leur légende
Disent qu'un certain Rat las des soins[2] d'ici-bas,
    Dans un fromage de Hollande
    Se retira loin du tracas.
5   La solitude était profonde,
    S'étendant partout à la ronde.
Notre ermite nouveau[3] subsistait là-dedans.
    Il fit tant de pieds et de dents
Qu'en peu de jours il eut au fond de l'ermitage[4]
10 Le vivre et le couvert ; que faut-il davantage ?
Il devint gros et gras ; Dieu prodigue ses biens
    À ceux qui font vœu d'être siens.
    Un jour au dévot personnage
    Des députés du peuple Rat
15 S'en vinrent demander quelque aumône légère :
    Ils allaient en terre étrangère
Chercher quelque secours contre le peuple chat ;
    Ratopolis[5] était bloquée :
On les avait contraints de partir sans argent,
20   Attendu l'état indigent[6]

---

1. Levantins : habitants du Levant, région du Moyen-Orient.

2. Soins : soucis.

3. Nouveau : d'un genre nouveau. L'ermite est un religieux qui vit retiré loin du monde.

4. Ermitage : habitation d'un *ermite* ; ici, l'intérieur du fromage.

5. Ratopolis : ville évidemment imaginaire, dont le nom est formé sur *rat* et *polis*, « cité » en grec.

6. Indigent : miséreux.

De la République[1] attaquée.
Ils demandaient fort peu, certains que le secours[2]
Serait prêt dans quatre ou cinq jours.
« Mes amis, dit le Solitaire,
25 Les choses d'ici-bas ne me regardent plus :
En quoi peut un pauvre Reclus
Vous assister ? que peut-il faire,
Que de prier le Ciel qu'il vous aide en ceci ?
J'espère qu'il aura de vous quelque souci. »
30 Ayant parlé de cette sorte,
Le nouveau Saint ferma sa porte.
Qui désigné-je, à votre avis,
Par ce Rat si peu secourable ?
Un Moine ? non, mais un Dervis[3] :
35 Je suppose qu'un Moine est toujours charitable.

Fable 4
LE HÉRON
LA FILLE

Un jour sur ses longs pieds allait je ne sais où,
Le Héron au long bec emmanché d'un long cou.
Il côtoyait[4] une rivière.
L'onde était transparente ainsi qu'aux plus beaux jours ;
5 Ma commère la carpe y faisait mille tours

ooo

---

1. République : l'État ; en latin, la *res publica* désigne la « chose publique », quelle que soit par ailleurs la nature du régime.

2. Le secours : les renforts.

3. Dervis : religieux turc, menant une vie fort austère.

4. Côtoyait : longeait.

>   Avec le brochet son compère.
> Le Héron en eût fait aisément son profit :
> Tous approchaient du bord, l'oiseau n'avait qu'à prendre ;
>   Mais il crut mieux faire d'attendre
> 10   Qu'il eût un peu plus d'appétit.
> Il vivait de régime[1], et mangeait à ses heures.
> Après quelques moments l'appétit vint ; l'oiseau
>   S'approchant du bord vit sur l'eau
> Des Tanches qui sortaient du fond de ces demeures.
> 15 Le mets ne lui plut pas ; il s'attendait à mieux
>   Et montrait un goût dédaigneux
>   Comme le rat du bon Horace[2].
> « Moi, des Tanches ? dit-il, moi Héron que je fasse
> Une si pauvre chère[3] ? et pour qui me prend-on ? »
> 20 La Tanche rebutée[4] il trouva du goujon[5].
> « Du goujon ! c'est bien là le dîner d'un Héron !
> J'ouvrirais pour si peu le bec ! aux Dieux ne plaise ! »
> Il l'ouvrit pour bien moins : tout alla de façon
>   Qu'il ne vit plus aucun poisson.
> 25 La faim le prit ; il fut tout heureux et tout aise
>   De rencontrer un Limaçon.
>   Ne soyons pas si difficiles :
> Les plus accommodants, ce sont les plus habiles :
> On hasarde de perdre en voulant trop gagner.
> 30   Gardez-vous de rien dédaigner ;
> Surtout quand vous avez à peu près votre compte.
> Bien des gens y sont pris ; ce n'est pas aux Hérons

---

1. Il vivait de régime : il suivait un régime.

2. Horace : poète latin du premier siècle avant notre ère, auteur de satires, dont l'une d'elles campe un rat des champs et un dédaigneux rat des villes (*Satires*, II, 6).

3. Chère : repas.

4. Rebutée : repoussée.

5. Goujon : petit poisson d'eau douce.

Que je parle ; écoutez, humains, un autre conte ;
Vous verrez que chez vous j'ai puisé ces leçons.
35   Certaine fille un peu trop fière
    Prétendait trouver un mari
Jeune, bien fait, et beau, d'agréable manière,
Point froid et point jaloux ; notez ces deux points-ci.
    Cette fille voulait aussi
40   Qu'il eût du bien, de la naissance[1],
De l'esprit, enfin tout ; mais qui peut tout avoir ?
Le destin se montra soigneux de la pourvoir[2] :
    Il vint des partis d'importance.
La belle les trouva trop chétifs[3] de moitié.
45 « Quoi moi ? quoi ces gens-là ? l'on radote, je pense.
À moi les proposer ! hélas ils font pitié.
  Voyez un peu la belle espèce ! »
L'un n'avait en l'esprit nulle délicatesse ;
L'autre avait le nez fait de cette façon-là ;
50   C'était ceci, c'était cela,
    C'était tout ; car les précieuses[4]
    Font dessus tout les dédaigneuses.
Après les bons partis les médiocres[5] gens
    Vinrent se mettre sur les rangs.
55 Elle de se moquer. « Ah vraiment, je suis bonne
De leur ouvrir la porte : ils pensent que je suis
Fort en peine de ma personne.

ooo

---

1. Du bien, de la naissance : qu'il eût des terres et fût de noble naissance.

2. Pourvoir : proposer des prétendants.

3. Chétifs : misérables.

4. Précieuses : femmes qui affectent les belles manières. Molière s'en est moqué dans *Les Précieuses ridicules* (1657). → p. 222

5. Médiocres : de situation moyenne.

>   Grâce à Dieu je passe les nuits
> Sans chagrin, quoique en solitude. »
60 La belle se sut gré de tous ces sentiments.
L'âge la fit déchoir ; adieu tous les amants.
Un an se passe et deux avec inquiétude.
Le chagrin vient ensuite : elle sent chaque jour
Déloger quelques Ris[1], quelques jeux, puis l'amour ;
65   Puis ses traits choquer et déplaire ;
Puis cent sortes de fards. Ses soins ne purent faire
Qu'elle échappât au temps, cet insigne larron[2] :
>   Les ruines d'une maison
> Se peuvent réparer ; que n'est cet avantage[3]
70   Pour les ruines du visage !
Sa préciosité changea lors de langage.
Son miroir lui disait : « Prenez vite un mari. »
Je ne sais quel désir le lui disait aussi ;
Le désir peut loger chez une précieuse.
75 Celle-ci fit un choix qu'on n'aurait jamais cru,
Se trouvant à la fin tout aise et tout heureuse
>   De rencontrer un malotru[4].

---

1. Déloger quelques Ris : disparaître quelques rires.

2. Insigne larron : célèbre voleur ; métaphore désignant le temps qui passe et qui « vole » jeunesse et beauté.

3. Que n'est cet avantage : pourquoi cet avantage n'existe-t-il pas ?

4. Malotru : homme mal fait.

Fable 5
LES SOUHAITS

      Il est au Mogol[1] des follets[2]
      Qui font office de valets,
Tiennent la maison propre, ont soin de l'équipage[3],
      Et quelquefois du jardinage.
5   Si vous touchez à leur ouvrage,
Vous gâtez tout. Un d'eux près du Gange[4] autrefois,
Cultivait le jardin d'un assez bon Bourgeois[5].
Il travaillait sans bruit, avait beaucoup d'adresse,
      Aimait le maître et la maîtresse,
10 Et le jardin surtout. Dieu sait si les zéphirs[6]
Peuple ami du Démon l'assistaient dans sa tâche :
Le follet de sa part travaillant sans relâche
      Comblait ses hôtes de plaisirs.
      Pour plus de marques de son zèle
15 Chez ces gens pour toujours il se fût arrêté,
      Nonobstant[7] la légèreté
      À ses pareils si naturelle ;
      Mais ses confrères les esprits
Firent tant que le chef de cette république[8],

ooo

---

1. Mogol : nom d'un vaste empire fondé vers le XVIe siècle en Inde.

2. Follets : esprits, lutins.

3. Équipage : tout ce qui est nécessaire à l'entretien des maisons et au déplacement (carrosses, chevaux, habits...).

4. Gange : grand fleuve de l'Inde.

5. D'un assez bon Bourgeois : d'un bourgeois assez aisé.

6. Zéphirs : vents doux.

7. Nonobstant : malgré.

8. République : État.

                    Par caprice ou par politique,
                    Le changea bientôt de logis.
            Ordre lui vient d'aller au fond de la Norvège
                    Prendre le soin d'une maison
                    En tout temps couverte de neige ;
            Et d'hindou qu'il était on vous le fait lapon[1].
            Avant que de partir, l'esprit dit à ses hôtes :
                    « On m'oblige de vous quitter :
                    Je ne sais pas pour quelles fautes ;
            Mais enfin il le faut, je ne puis arrêter[2]
            Qu'un temps fort court, un mois, peut-être une semaine.
            Employez-la ; formez trois souhaits, car je puis
                    Rendre trois souhaits accomplis ;
            Trois sans plus. » Souhaiter, ce n'est pas une peine
                    Étrange et nouvelle aux humains.
            Ceux-ci pour premier vœu demandent l'abondance ;
                    Et l'abondance à pleines mains
                    Verse en leurs coffres la finance,
            En leurs greniers le blé, dans leurs caves les vins ;
            Tout en crève. Comment ranger cette chevance[3] ?
            Quels registres[4], quels soins, quel temps il leur fallut !
            Tous deux sont empêchés[5] si jamais on le fut.
                    Les voleurs contre eux complotèrent ;
                    Les grands Seigneurs leur empruntèrent ;
            Le Prince les taxa. Voilà les pauvres gens
                    Malheureux par trop de fortune.
            « Ôtez-nous de ces biens l'affluence importune,

---

1. Lapon : habitant de Laponie.

2. Arrêter : demeurer.

3. Chevance : tout ce que possède une personne.

4. Registres : cahiers de comptes.

5. Empêchés : embarrassés.

Dirent-ils l'un et l'autre ; heureux les indigents[1] !
La pauvreté vaut mieux qu'une telle richesse.
Retirez-vous, trésors, fuyez ; et toi, Déesse,
50 Mère du bon esprit, compagne du repos,
Ô Médiocrité[2], reviens vite. » À ces mots
La Médiocrité revient ; on lui fait place
      Avec elle ils rentrent en grâce,
Au bout de deux souhaits étant aussi chanceux
55   Qu'ils étaient, et que sont tous ceux
Qui souhaitaient toujours, et perdent en chimères
Le temps qu'ils feraient mieux de mettre à leurs affaires
      Le follet en rit avec eux.
      Pour profiter de sa largesse,
60 Quand il voulut partir, et qu'il fut sur le point,
      Ils demandèrent la sagesse ;
C'est un trésor qui n'embarrasse point.

---

1. Indigents : pauvres.
2. Médiocrité : juste mesure (du latin *medium*, « milieu »).

Fable 6

LA COUR DU LION

Sa Majesté Lionne un jour voulut connaître
De quelles nations le Ciel l'avait fait maître.
    Il manda[1] donc par députés
    Ses vassaux[2] de toute nature,
    Envoyant de tous les côtés
    Une circulaire écriture[3],
    Avec son sceau. L'écrit portait
    Qu'un mois durant le Roi tiendrait
    Cour plénière, dont l'ouverture
    Devait être un fort grand festin,
    Suivi des tours de Fagotin[4].
    Par ce trait de magnificence
Le Prince à ses sujets étalait sa puissance.
    En son Louvre il les invita.
Quel Louvre! un vrai charnier, dont l'odeur se porta
D'abord au nez des gens. L'Ours boucha sa narine:
Il se fût bien passé de faire cette mine,
Sa grimace déplut. Le Monarque irrité
L'envoya chez Pluton[5] faire le dégoûté.
Le Singe approuva fort cette sévérité;
Et flatteur excessif il loua la colère,
Et la griffe du Prince, et l'antre, et cette odeur:

---

1. Manda: convoqua.

2. Vassaux: hommes dépendant d'un suzerain, d'un roi, qui leur a concédé la possession d'un fief.

3. Circulaire écriture: lettre envoyée à plusieurs personnes à la fois.

4. Fagotin: nom d'un singe savant que son maître produisait à la foire Saint-Germain.

5. Pluton: dieu des Enfers chez les Romains.

FABLE 6 • LA COUR DU LION

Jean-Baptiste Oudry (1686-1755), *La Cour du Lion*. Coll. Hachette Livre.

       Il n'était ambre[1], il n'était fleur,
    Qui ne fût ail au prix[2]. Sa sotte flatterie
25 Eut un mauvais succès, et fut encor[3] punie.
       Ce Monseigneur du Lion-là
       Fut parent de Caligula[4].
    Le Renard étant proche : « Or çà, lui dit le Sire,
    Que sens-tu ? dis-le-moi : parle sans déguiser. »
30   L'autre aussitôt de s'excuser,
    Alléguant un grand rhume : il ne pouvait que dire
       Sans odorat ; bref il s'en tire.
       Ceci vous sert d'enseignement.
    Ne soyez à la Cour, si vous voulez y plaire,
35 Ni fade adulateur, ni parleur trop sincère ;
    Et tâchez quelquefois de répondre en Normand[5].

---

1. Ambre : parfum très précieux, extrait de la substance végétale du même nom.

2. Au prix : par comparaison.

3. Encor : encore (licence poétique).

4. Caligula : empereur romain du premier siècle de notre ère, resté tristement célèbre en raison de ses cruautés.

5. Répondre en Normand : sans dire ni oui ni non.

« La Cour du Lion »

Une satire de la société monarchique

POUR VOUS GUIDER — 3 QUESTIONS

1. Quelle est la structure de la fable ?

- Du **vers 1 au vers 13** : la convocation par le roi de ses vassaux, avec un exposé de ses motifs et intentions politiques. C'est une **apologie de la monarchie** : « magnificence » rime avec « puissance ». Une grande fête royale s'annonce.
- Du **vers 14 au vers 27** : ce deuxième mouvement est en **complet contraste** avec le premier. Le Louvre est « un charnier » et le Monarque un roi cruel : quiconque lui déplaît est sur le champ mis à mort.
- Du **vers 28 au vers 32** : l'**excuse du Renard**, courtisan intelligent et habile.
- Du **vers 33 au vers 35** : la « **morale** » de la fable, introduite de façon très didactique : « Ceci vous sert d'enseignement », et qui donne raison au Renard. Dans une société de cour, savoir flatter est une question de survie.

2. Comment s'interpénètrent les registres animalier et humain ?

- **Par l'organisation des animaux en une société** dont la structure et les pratiques sont les mêmes que celles d'une société monarchique : le Louvre, un Roi, des Grands (l'Ours), des courtisans (le Singe, le Renard).
- **Par un mélange de mots qui, en principe, s'appliquent aux seuls humains et de termes animaliers** : « Majesté », « vassaux », « cour plénière », « Monseigneur »...
- **Par l'appartenance à un même univers culturel** : double référence à l'Antiquité (Pluton, le dieu des Enfers ; et l'empereur Caligula, célèbre pour ses cruautés).

3. Quels sont les tons de cette fable ?

- **Le registre tragique domine** : d'où l'emploi de l'alexandrin, vers solennel par excellence.
- Ce registre tragique n'exclut pas un **certain burlesque**, notamment dans les vers 15 à 19.
- Conformément au modèle ésopique de la fable, la « moralité » appartient au **registre de la sentence**.

DÉFINITION CLÉ

Qu'est-ce que le burlesque ?

Le burlesque est un style dont le comique provient du **contraste entre le fond et la forme**, entre un sujet noble et une expression familière ou comique. Le Louvre est ici un « charnier », dont l'odeur incommode tout un chacun.

Fable 7

LES VAUTOURS ET LES PIGEONS

    Mars[1] autrefois mit tout l'air en émute[2].
Certain sujet fit naître la dispute
Chez les oiseaux; non ceux que le Printemps
Mène à sa Cour, et qui, sous la feuillée,
5 Par leur exemple et leurs sons éclatants
Font que Vénus[3] est en nous réveillée;
Ni ceux encor que la Mère d'Amour
Met à son char: mais le peuple Vautour
Au bec retors, à la tranchante serre,
10 Pour un chien mort se fit, dit-on, la guerre.
Il plut du sang; je n'exagère point.
Si je voulais conter de point en point
Tout le détail, je manquerais d'haleine.
Maint chef[4] périt, maint héros expira;
15 Et sur son roc Prométhée[5] espéra
De voir bientôt une fin à sa peine.
C'était plaisir d'observer leurs efforts;
C'était pitié de voir tomber les morts.
Valeur, adresse, et ruses, et surprises,
20 Tout s'employa: les deux troupes éprises
D'ardent courroux n'épargnaient nuls moyens
De peupler l'air que respirent les ombres:

---

1. Mars: dieu de la guerre chez les Romains.

2. Émute: émeute.

3. Vénus: déesse romaine de l'amour, mère d'Éros, dieu de l'amour.

4. Maint chef: de nombreux chefs.

5. Prométhée: pour avoir donné le feu aux hommes, après l'avoir dérobé aux dieux, Prométhée fut attaché sur le Caucase, où un vautour venait lui dévorer le foie qui repoussait chaque jour pour que son tourment fût éternel.

Tout élément remplit de citoyens
Le vaste enclos qu'ont les royaumes sombres.
25 Cette fureur mit la compassion
Dans les esprits d'une autre nation[1]
Au col changeant, au cœur tendre et fidèle.
Elle employa sa médiation
Pour accorder[2] une telle querelle ;
30 Ambassadeurs par le peuple Pigeon
Furent choisis, et si bien travaillèrent,
Que les Vautours plus ne se chamaillèrent.
Ils firent trêve, et la paix s'ensuivit :
Hélas ! ce fut aux dépens de la race
35 À qui la leur aurait dû rendre grâce.
La gent[3] maudite aussitôt poursuivit
Tous les pigeons, en fit ample carnage,
En dépeupla les bourgades, les champs.
Peu de prudence eurent les pauvres gens,
40 D'accommoder[4] un peuple si sauvage.
Tenez toujours divisés les méchants ;
La sûreté du reste de la terre
Dépend de là : semez entre eux la guerre,
Ou vous n'aurez avec eux nulle paix.
45 Ceci soit dit en passant ; je me tais.

---

1. Nation : race ; ici, les pigeons.
2. Accorder : apaiser.
3. La gent : le peuple (des vautours).
4. Accommoder : contenter.

Fable 8
LE COCHE[1] ET LA MOUCHE

Dans un chemin montant, sablonneux, malaisé,
Et de tous les côtés au Soleil exposé,
    Six forts chevaux tiraient un Coche.
Femmes, Moine, vieillards, tout était descendu.
5 L'attelage suait, soufflait, était rendu[2].
Une Mouche survient, et des chevaux s'approche ;
Prétend les animer par son bourdonnement ;
Pique l'un, pique l'autre, et pense à tout moment
    Qu'elle fait aller la machine,
10 S'assied sur le timon[3], sur le nez du Cocher ;
    Aussitôt que le char chemine,
    Et qu'elle voit les gens marcher,
Elle s'en attribue uniquement la gloire ;
Va, vient, fait l'empressée ; il semble que ce soit
15 Un Sergent de bataille allant en chaque endroit
Faire avancer ses gens, et hâter la victoire.
    La Mouche en ce commun besoin
Se plaint qu'elle agit seule, et qu'elle a tout le soin ;
Qu'aucun n'aide aux chevaux à se tirer d'affaire.
20   Le Moine disait son Bréviaire[4] ;
Il prenait bien son temps ! une femme chantait ;
C'était bien de chansons qu'alors il s'agissait !
Dame Mouche s'en va chanter à leurs oreilles,
    Et fait cent sottises pareilles.
25 Après bien du travail le Coche arrive au haut.

---

1. Coche : grande voiture tirée par des chevaux, reliant une ville à une autre.
2. Rendu : harassé de fatigue.
3. Timon : longue pièce de bois où sont de part et d'autre attelés les chevaux.
4. Bréviaire : livre de prières.

« Respirons maintenant, dit la Mouche aussitôt :
J'ai tant fait que nos gens sont enfin dans la plaine.
Çà, Messieurs les Chevaux, payez-moi de ma peine. »
Ainsi certaines gens faisant les empressés
30   S'introduisent dans les affaires :
      Ils font partout les nécessaires ;
Et, partout importuns, devraient être chassés.

Fable 9
LA LAITIÈRE ET LE POT AU LAIT

Perrette, sur sa tête ayant un Pot au lait
      Bien posé sur un coussinet,
Prétendait arriver sans encombre à la ville.
Légère et court vêtue elle allait à grands pas ;
5   Ayant mis ce jour-là pour être plus agile
      Cotillon[1] simple, et souliers plats.
      Notre Laitière ainsi troussée[2]
      Comptait déjà dans sa pensée
Tout le prix de son lait, en employait l'argent,
10 Achetait un cent d'œufs, faisait triple couvée[3] ;
La chose allait à bien par son soin diligent.
      « Il m'est, disait-elle, facile
D'élever des poulets autour de ma maison :
      Le Renard sera bien habile,
15 S'il ne m'en laisse assez pour avoir un cochon.
Le porc à s'engraisser coûtera peu de son ;

ooo

---

1. Cotillon : petite jupe de paysanne.

2. Troussée : habillée.

3. Couvée : nichée de poussins.

Il était quand je l'eus de grosseur raisonnable;
J'aurai le revendant de l'argent bel et bon;
Et qui m'empêchera de mettre en notre étable,
20 Vu le prix dont il est, une vache et son veau,
Que je verrai sauter au milieu du troupeau? »
Perrette là-dessus saute aussi, transportée.
Le lait tombe; adieu veau, vache, cochon, couvée;
La Dame de ces biens, quittant d'un œil marri[1]
25   Sa fortune ainsi répandue,
      Va s'excuser à son mari
      En grand danger d'être battue.
      Le récit en farce[2] en fut fait;
      On l'appela le Pot au lait.

30   Quel esprit ne bat la campagne?
      Qui ne fait châteaux en Espagne?
Picrochole, Pyrrhus[3], la Laitière, enfin tous,
      Autant les sages que les fous?
Chacun songe en veillant, il n'est rien de plus doux:
35 Une flatteuse erreur emporte alors nos âmes:
      Tout le bien du monde est à nous,
      Tous les honneurs, toutes les femmes.
Quand je suis seul, je fais au plus brave un défi;
Je m'écarte, je vais détrôner le Sophi[4];
40   On m'élit roi, mon peuple m'aime;
Les diadèmes vont sur ma tête pleuvant:
Quelque accident fait-il que je rentre en moi-même;
      Je suis gros Jean comme devant[5].

---

1. Marri: fâché, désolé.

2. Farce: petite pièce de théâtre d'un comique élémentaire.

3. Picrochole: roi imaginé par Rabelais dans son *Gargantua*, qui ne rêvait que de guerres de conquêtes, comme **Pyrrhus**, roi d'Épire, qui conquit la Macédoine.

4. Sophi: titre ordinairement donné au roi de Perse.

5. Je suis gros Jean comme devant: je ne suis pas plus avancé qu'auparavant (de *Gros-Jean*, « homme rustre et stupide » et *devant*, « avant »). L'expression a été popularisée par cette fable de La Fontaine.

FABLE 9 • LA LAITIÈRE ET LE POT AU LAIT

Gustave Doré (1832-1883), *La Laitière et le Pot au lait*. Coll. Archives Hatier.

« La Laitière et le Pot au lait » | Une fable familière et lyrique

3 QUESTIONS POUR VOUS GUIDER

1. Quelle est la progression du récit ?

- Une **exposition** (v. 1-9) : Perrette s'en va à la « ville » (v. 3) vendre son lait, dont elle espère tirer une bonne somme.
- Les **rêves de Perrette** (v. 10-21) : avec l'argent de la vente, Perrette, en femme raisonnable, songe à tout ce qu'elle va pouvoir acheter pour agrandir sa ferme. Ses rêves s'articulent logiquement les uns aux autres : avec le produit d'une vente, toujours supérieure à la précédente, elle achète un cochon, puis un veau, eux-mêmes plus rentables que les œufs.
- La **chute** (v. 22-29), dans tous les sens du mot : chute de Perrette, chute de ses rêves (« adieu veau, vache, cochon, couvée », v. 23), chute du récit lui-même.

2. Comment Perrette est-elle décrite ?

- Perrette est d'abord une **silhouette** (v. 1, 2) : on ne sait rien de son physique, sinon qu'elle a sur sa tête un « pot au lait ».
- C'est ensuite une **légèreté** : dans ses habits (v. 4, 6, 7) et dans sa démarche : « elle allait à grands pas » (v. 4).
- C'est enfin un **rythme** : alexandrin bien découpé en deux hémistiches (v. 4), puis plus rapide dans le vers 5 (rythmé en 3 + 3 + 6) ; alternance des alexandrins et des octosyllabes.

3. En quoi la moralité de la fable surprend-elle ?

- La logique voudrait que la fable se conclue par une mise en garde contre les rêves et les « châteaux en Espagne » (v. 31). **Or c'est tout le contraire qui se produit.**
- La fable est un **éloge du rêve** : « Chacun songe en veillant, il n'est rien de plus doux » (v. 34).
- Elle s'achève sur une **confidence du fabuliste**, inattendue et lyrique : lui-même est comme Perrette, et heureux comme elle, au moins le temps de son rêve !

DÉFINITION CLÉ

Qu'est-ce qu'une chute en littérature ?

Une chute est une **conclusion inattendue** mais préparée (ici par le verbe « prétendait » au vers 3), qui crée un **effet de surprise**, d'amusement ou de conclusion brutale, en opposition avec le début du texte.

Fable 10
LE CURÉ ET LE MORT

Un mort s'en allait tristement
S'emparer de son dernier gîte;
Un Curé s'en allait gaiement
Enterrer ce mort au plus vite.
5 Notre défunt était en carrosse porté,
Bien et dûment empaqueté,
Et vêtu d'une robe, hélas! qu'on nomme bière,
Robe d'hiver, robe d'été,
Que les morts ne dépouillent guère.
10 Le Pasteur était à côté,
Et récitait à l'ordinaire
Maintes dévotes oraisons[1],
Et des psaumes et des leçons[2],
Et des versets et des répons[3] :
15 « Monsieur le Mort laissez-nous faire,
On vous en donnera de toutes les façons;
Il ne s'agit que du salaire. »
Messire Jean Chouart couvait des yeux son mort,
Comme si l'on eût dû lui ravir ce trésor,
20 Et des regards semblait lui dire :
« Monsieur le mort, j'aurai de vous
Tant en argent, et tant en cire,
Et tant en autres menus coûts[4]. »

ooo

---

1. Dévotes oraisons : pieuses prières.
2. Leçons : textes tirés de la Bible, lus par le prêtre.
3. Répons : chants sur des paroles empruntées à la Bible.
4. Coûts : dépenses.

Il fondait là-dessus l'achat d'une feuillette[1]
Du meilleur vin des environs ;
Certaine nièce assez proprette[2]
Et sa chambrière Pâquette
Devaient avoir des cotillons.
Sur cette agréable pensée
Un heurt survient, adieu le char.
Voilà Messire Jean Chouart
Qui du choc de son mort a la tête cassée :
Le Paroissien en plomb[3] entraîne son Pasteur ;
Notre Curé suit son Seigneur ;
Tous deux s'en vont de compagnie.
Proprement toute notre vie
Est le curé Chouart, qui sur son mort comptait,
Et la fable du Pot au lait.

Fable 11

L'HOMME QUI COURT APRÈS LA FORTUNE[4],
ET L'HOMME QUI L'ATTEND DANS SON LIT

Qui ne court après la Fortune ?
Je voudrais être en lieu d'où je pusse aisément
Contempler la foule importune
De ceux qui cherchent vainement
Cette fille du sort de Royaume en Royaume,
Fidèles courtisans d'un volage fantôme.

---

1. Feuillette : tonneau d'une centaine de litres de contenance.

2. Proprette : coquette.

3. En plomb : le mort est dans un cercueil en plomb.

4. Fortune : déesse de la chance, représentée les yeux bandés.

Quand ils sont près du bon moment,
L'inconstante aussitôt à leurs désirs échappe :
Pauvres gens, je les plains, car on a pour les fous
10   Plus de pitié que de courroux.
« Cet homme, disent-ils, était planteur de choux,
     Et le voilà devenu Pape :
Ne le valons-nous pas ? » Vous valez cent fois mieux ;
     Mais que vous sert votre mérite ?
15   La Fortune a-t-elle des yeux ?
Et puis la papauté vaut-elle ce qu'on quitte,
Le repos, le repos, trésor si précieux
Qu'on en faisait jadis le partage[1] des Dieux ?
Rarement la Fortune à ses hôtes le laisse.
20   Ne cherchez point cette Déesse,
Elle vous cherchera ; son sexe en use ainsi.
Certain couple d'amis en un bourg établi,
Possédait quelque bien : l'un soupirait sans cesse
   Pour la Fortune ; il dit à l'autre un jour :
25   « Si nous quittions notre séjour ?
     Vous savez que nul n'est prophète
En son pays : cherchons notre aventure ailleurs.
– Cherchez, dit l'autre ami, pour moi je ne souhaite
     Ni climats ni destins meilleurs.
30 Contentez-vous ; suivez votre humeur inquiète ;
Vous reviendrez bientôt. Je fais vœu cependant
     De dormir en vous attendant. »
     L'ambitieux, ou, si l'on veut, l'avare,
          S'en va par voie et par chemin.
35   Il arriva le lendemain
En un lieu que devait la Déesse bizarre

ooo

---

1. Partage : le lot attribué (aux dieux).

Fréquenter sur tout autre ; et ce lieu c'est la cour.
Là donc pour quelque temps il fixe son séjour,
Se trouvant au coucher, au lever[1], à ces heures
40   Que l'on sait être les meilleures ;
Bref, se trouvant à tout, et n'arrivant à rien.
« Qu'est ceci ? se dit-il ; cherchons ailleurs du bien.
La Fortune pourtant habite ces demeures.
Je la vois tous les jours entrer chez celui-ci,
45   Chez celui-là ; d'où vient qu'aussi
Je ne puis héberger cette capricieuse ?
On me l'avait bien dit, que des gens de ce lieu
L'on n'aime pas toujours l'humeur ambitieuse.
Adieu, Messieurs de cour ; Messieurs de cour, adieu :
50 Suivez jusques au bout une ombre qui vous flatte[2].
La Fortune a, dit-on, des temples à Surate[3] ;
Allons là. » Ce fut un de dire et s'embarquer.
Âmes de bronze, humains, celui-là fut sans doute
Armé de diamant, qui tenta cette route,
55 Et le premier osa l'abîme défier.
        Celui-ci pendant son voyage
        Tourna les yeux vers son village
   Plus d'une fois, essuyant les dangers
Des pirates, des vents, du calme et des rochers,
60 Ministres de la mort. Avec beaucoup de peines
On s'en va la chercher en des rives lointaines,
La trouvant assez tôt sans quitter la maison.
L'homme arrive au Mogol[4] ; on lui dit qu'au Japon
La Fortune pour lors distribuait ses grâces.

---

1. Coucher, lever : il s'agit du coucher et du lever du roi, auxquels certains courtisans étaient admis à assister, qui en profitaient pour obtenir une faveur.

2. Flatte : trompe.

3. Surate : nom d'un port de l'Inde.

4. Au Mogol : dans l'empire du Mogol, en Inde.

65 　　　Il y court ; les mers étaient lasses
　　　　De le porter ; et tout le fruit
　　　　Qu'il tira de ses longs voyages,
　　Ce fut cette leçon que donnent les sauvages :
　　Demeure en ton pays, par la nature instruit.
70 Le Japon ne fut pas plus heureux à cet homme
　　　　Que le Mogol l'avait été ;
　　　　Ce qui lui fit conclure en somme,
　　Qu'il avait à grand tort son village quitté.
　　　　Il renonce aux courses ingrates[1],
75 Revient en son pays, voit de loin ses pénates,
　　Pleure de joie, et dit : « Heureux qui vit chez soi ;
　　De régler ses désirs faisant tout son emploi.
　　　　Il ne sait que par ouïr dire
　　Ce que c'est que la cour, la mer, et ton empire,
80 Fortune, qui nous fais passer devant les yeux
　　Des dignités, des biens, que jusqu'au bout du monde
　　On suit, sans que l'effet aux promesses réponde.
　　Désormais je ne bouge, et ferai cent fois mieux. »
　　　　En raisonnant de cette sorte,
85 Et contre la Fortune ayant pris ce conseil,
　　　　Il la trouve assise à la porte
　　De son ami plongé dans un profond sommeil.

---

1. Courses : traversées maritimes ; **ingrates** : qui ne rapportent rien.

Fable 12
LES DEUX COQS

Deux Coqs vivaient en paix ; une Poule survint,
  Et voilà la guerre allumée.
Amour, tu perdis Troie[1] ; et c'est de toi que vint
  Cette querelle envenimée,
5 Où du sang des Dieux même on vit le Xanthe[2] teint.
Longtemps entre nos Coqs le combat se maintint.
Le bruit s'en répandit par tout le voisinage.
La gent[3] qui porte crête au spectacle accourut.
  Plus d'une Hélène au beau plumage
10 Fut le prix du vainqueur ; le vaincu disparut.
Il alla se cacher au fond de sa retraite,
  Pleura sa gloire et ses amours,
Ses amours qu'un rival tout fier de sa défaite
Possédait à ses yeux. Il voyait tous les jours
15 Cet objet[4] rallumer sa haine et son courage.
Il aiguisait son bec, battait l'air et ses flancs,
  Et s'exerçant contre les vents
  S'armait d'une jalouse rage.
Il n'en eut pas besoin. Son vainqueur sur les toits
20 S'alla percher, et chanter sa victoire.
  Un Vautour entendit sa voix :
  Adieu les amours et la gloire.

---

1. Troie : ville d'Asie Mineure, siège d'une longue guerre provoquée par le rapt de la princesse grecque Hélène par le Troyen Pâris et qu'Homère raconte dans son épopée de l'*Iliade*.

2. Xanthe : fleuve d'Asie Mineure, qui passait près de Troie.

3. Gent : race.

4. Objet : dans la langue galante, le mot désigne ce qui est sous nos yeux et n'a donc aucune nuance péjorative. L'objet est ici le coq vainqueur.

Tout cet orgueil périt sous l'ongle du Vautour.
    Enfin, par un fatal retour,
25   Son rival autour de la Poule
    S'en revint faire le coquet[1] :
    Je laisse à penser quel caquet,
    Car il eut des femmes en foule ;
La Fortune se plaît à faire de ces coups.
30 Tout vainqueur insolent à sa perte travaille.
Défions-nous du sort, et prenons garde à nous,
    Après le gain d'une bataille.

Jean-Jacques Granville (1803-1847), *Les Deux Coqs*. Ph © Duvallon/Leemage.

---

1. Coquet : petit coq (jeu de mots).

Fable 13
L'INGRATITUDE ET L'INJUSTICE
DES HOMMES ENVERS LA FORTUNE

Un trafiquant[1] sur mer par bonheur[2] s'enrichit.
Il triompha des vents pendant plus d'un voyage,
Gouffre, banc, ni rocher, n'exigea de péage
D'aucun de ses ballots; le Sort l'en affranchit[3].
Sur tous ses compagnons Atropos et Neptune[4]
Recueillirent leur droit, tandis que la Fortune
Prenait soin d'amener son marchand à bon port.
Facteurs[5], associés, chacun lui fut fidèle.
Il vendit son tabac, son sucre, sa cannelle[6]
Ce qu'il voulut, sa porcelaine encor[7].
Le luxe et la folie enflèrent son trésor ;
    Bref il plut dans son escarcelle.
On ne parlait chez lui que par doubles ducats[8] ;
Et mon homme d'avoir chiens, chevaux et carrosses.
    Ses jours de jeûne étaient des noces.
Un sien ami voyant ces somptueux repas,
Lui dit : « Et d'où vient donc un si bon ordinaire[9] ?
— Et d'où me viendrait-il que[10] de mon savoir-faire ?

---

1. Trafiquant : armateur (sans nuance péjorative : celui qui fait du *trafic*, du commerce).

2. Par bonheur : par chance.

3. L'en affranchit : l'en dispensa.

4. Atropos : la troisième Parque, celle qui coupait le fil de l'existence et qui représente donc la mort ; **Neptune** : dieu romain des océans.

5. Facteurs : intermédiaires achetant ou vendant pour le compte de marchands.

6. Cannelle : substance aromatique provenant du cannelier.

7. Encor : encore (licence poétique).

8. Doubles ducats : pièces d'or valant dix livres (somme alors importante).

9. Ordinaire : repas de tous les jours.

10. Que : sinon.

FABLE 13 • L'INGRATITUDE ET L'INJUSTICE DES HOMMES…

Je n'en dois rien qu'à moi, qu'à mes soins, qu'au talent
20 De risquer à propos, et bien placer l'argent. »
Le profit lui semblant une fort douce chose,
Il risqua de nouveau le gain qu'il avait fait :
Mais rien, pour cette fois, ne lui vint à souhait.
    Son imprudence en fut la cause.
25 Un vaisseau mal frété[1] périt au premier vent,
Un autre mal pourvu des armes nécessaires
    Fut enlevé par les Corsaires.
    Un troisième au port arrivant,
Rien n'eut cours ni débit[2]. Le luxe et la folie
30   N'étaient plus tels qu'auparavant.
    Enfin ses facteurs le trompant,
Et lui-même ayant fait grand fracas, chère lie[3],
Mis beaucoup en plaisirs, en bâtiments beaucoup,
    Il devint pauvre tout d'un coup.
35 Son ami le voyant en mauvais équipage,
Lui dit : « D'où vient cela ? – De la Fortune, hélas !
– Consolez-vous, dit l'autre, et s'il ne lui plaît pas
Que vous soyez heureux, tout au moins soyez sage. »
    Je ne sais s'il crut ce conseil ;
40 Mais je sais que chacun impute en cas pareil
    Son bonheur à son industrie[4],
Et si de quelque échec notre faute est suivie,
    Nous disons injures au sort.
    Chose n'est ici plus commune :
45 Le bien nous le faisons, le mal c'est la Fortune,
On a toujours raison, le destin toujours tort.

---

1. Mal frété : mal affrété, mal équipé.
2. Rien n'eut cours ni débit : ne vendit rien.
3. Chère lie : bombance.
4. Industrie : activité.

Fable 14
LES DEVINERESSES[1]

C'est souvent du hasard que naît l'opinion ;
Et c'est l'opinion qui fait toujours la vogue.
    Je pourrais fonder ce prologue[2]
Sur gens de tous états ; tout est prévention[3],
Cabale[4], entêtement, point ou peu de justice :
C'est un torrent ; qu'y faire ? il faut qu'il ait son cours,
    Cela fut et sera toujours.
Une femme à Paris faisait la Pythonisse[5].
On l'allait consulter sur chaque événement :
Perdait-on un chiffon, avait-on un amant,
Un mari vivant trop, au gré de son épouse,
Une mère fâcheuse, une femme jalouse ;
    Chez la Devineuse on courait,
Pour se faire annoncer ce que l'on désirait.
    Son fait consistait en adresse[6].
Quelques termes de l'art, beaucoup de hardiesse[7],
Du hasard quelquefois, tout cela concourait :
Tout cela bien souvent faisait crier miracle.
Enfin, quoique ignorante à vingt et trois carats[8],

---

1. Devineresses : diseuses de bonne aventure.

2. Prologue : début.

3. Prévention : idée préconçue.

4. Cabale : complot.

5. Pythonisse : voyante.

6. Adresse : habileté.

7. Termes de l'art : termes d'astrologie ou d'autres techniques ; **hardiesse** : aplomb, assurance.

8. À vingt et trois carats : expression signifiant « au plus haut point », « au suprême degré ».

FABLE 14 • LES DEVINERESSES

20　　　　Elle passait pour un oracle.
L'oracle était logé dedans un galetas[1].
　　　　Là cette femme emplit sa bourse,
　　　　Et sans avoir d'autre ressource,
Gagne de quoi donner un rang à son mari :
25　Elle achète un office[2], une maison aussi.
　　　　Voilà le galetas rempli
D'une nouvelle hôtesse, à qui toute la ville,
Femmes, filles, valets, gros Messieurs, tout enfin,
Allait comme autrefois demander son destin :
30　Le galetas devint l'antre de la Sibylle[3].
L'autre femelle[4] avait achalandé[5] ce lieu.
Cette dernière femme eut beau faire, eut beau dire :
« Moi devine[6] ! on se moque ; eh Messieurs, sais-je lire ?
Je n'ai jamais appris que ma croix de par Dieu[7]. »
35　Point de raison ; fallut deviner et prédire,
　　　　Mettre à part[8] force bons ducats,
Et gagner malgré soi plus que deux Avocats.

○○○

---

1. Galetas : grenier.

2. Office : charge de justice ou de police.

3. Sibylle : personnification de la divination et nom donné à toutes les prêtresses d'Apollon. La plus célèbre était celle de Cumes, en Italie. Par extension, nom donné à toutes les « devineresses ».

4. L'autre femelle : la précédente « devineresse » qui, s'étant enrichie, habite la « maison » qu'elle s'est achetée.

5. Achalandé : doté d'une grande clientèle.

6. Devine : féminin de *devin* (emploi rare).

7. Le titre de l'alphabet que l'on faisait apprendre aux enfants était orné d'une « croix », d'où l'expression « apprendre la croix de par Dieu » (croix faite au nom de Dieu).

8. Mettre à part : mettre de côté.

Le meuble, et l'équipage[1] aidaient fort à la chose :
Quatre sièges boiteux, un manche de balai,
40 Tout sentait son sabbat[2], et sa métamorphose :
      Quand cette femme aurait dit vrai
      Dans une chambre tapissée,
On s'en serait moqué ; la vogue était passée
  Au galetas ; il avait le crédit :
45   L'autre femme se morfondit.
     L'enseigne fait la chalandise[3].
J'ai vu dans le Palais une robe mal mise
    Gagner gros : les gens l'avaient prise
    Pour maître tel, qui traînait après soi
50   Force écoutants ; demandez-moi pourquoi.

Fable 15

LE CHAT, LA BELETTE, ET LE PETIT LAPIN

  Du palais d'un jeune Lapin
  Dame Belette un beau matin
  S'empara ; c'est une rusée.
Le Maître étant absent, ce lui fut chose aisée.
5 Elle porta chez lui ses pénates[4] un jour
Qu'il était allé faire à l'Aurore sa cour,
  Parmi le thym et la rosée.
Après qu'il eut brouté, trotté, fait tous ses tours,

---

1. Le meuble et l'équipage : habits et équipements nécessaires pour tenir son rang dans le monde.

2. Tout sentait son sabbat : tout faisait penser à une demeure de sorciers, le sabbat étant une assemblée nocturne de sorciers, bruyante et maléfique.

3. Chalandise : clientèle.

4. Pénates : dieux domestiques chez les Romains ; ici maison, par extension comique.

FABLE 15 • LE CHAT, LA BELETTE, ET LE PETIT LAPIN

Janot Lapin retourne aux souterrains séjours.
10 La Belette avait mis le nez à la fenêtre.
« Ô Dieux hospitaliers, que vois-je ici paraître ?
Dit l'animal chassé du paternel logis :
  Ô là, Madame la Belette,
  Que l'on déloge sans trompette,
15 Ou je vais avertir tous les rats du pays. »
La Dame au nez pointu répondit que la terre
  Était au premier occupant.
  C'était un beau sujet de guerre
Qu'un logis où lui-même il n'entrait qu'en rampant.
20   « Et quand ce serait un Royaume
Je voudrais bien savoir, dit-elle, quelle loi
  En a pour toujours fait l'octroi[1]
À Jean, fils ou neveu de Pierre ou de Guillaume,
  Plutôt qu'à Paul, plutôt qu'à moi. »
25 Jean Lapin allégua la coutume et l'usage.
« Ce sont, dit-il, leurs lois qui m'ont de ce logis
Rendu maître et seigneur, et qui de père en fils,
L'ont de Pierre à Simon, puis à moi Jean transmis.
Le premier occupant est-ce une loi plus sage ?
30   – Or bien sans crier davantage,
Rapportons-nous, dit-elle, à Raminagrobis. »
C'était un chat vivant comme un dévot ermite,
  Un chat faisant la chattemite[2],
Un saint homme de chat, bien fourré[3], gros et gras,
35   Arbitre expert sur tous les cas.
  Jean Lapin pour juge l'agrée.

ooo

---

1. L'octroi : la concession.

2. Faisant la chattemite : faisant l'hypocrite.

3. Bien fourré : ayant une bonne fourrure.

Les voilà tous deux arrivés
Devant sa majesté fourrée.
Grippeminaud[1] leur dit : « Mes enfants, approchez,
40 Approchez ; je suis sourd ; les ans en sont la cause. »
L'un et l'autre approcha ne craignant nulle chose.
Aussitôt qu'à portée il vit les contestants,
Grippeminaud le bon apôtre,
Jetant des deux côtés la griffe en même temps,
45 Mit les plaideurs d'accord en croquant l'un et l'autre.
Ceci ressemble fort aux débats qu'ont parfois
Les petits souverains se rapportants aux Rois.

Fable 16

LA TÊTE ET LA QUEUE DU SERPENT

Le serpent a deux parties
Du genre humain ennemies,
Tête et queue ; et toutes deux
Ont acquis un nom fameux
5 Auprès des Parques[2] cruelles ;
Si bien qu'autrefois entre elles
Il survint de grands débats
Pour le pas[3].
La tête avait toujours marché devant la queue.
10 La queue au Ciel se plaignit,
Et lui dit :

---

1. Grippeminaud : nom d'un chat chez Rabelais.

2. Parques : nom de trois divinités, trois sœurs qui présidaient à la naissance, à la longévité et à la mort des hommes.

3. Pour le pas : allusion au « point d'honneur » qui fixait l'ordre des préséances, dans une cérémonie par exemple.

FABLE 16 • LA TÊTE ET LA QUEUE DU SERPENT

« Je fais mainte et mainte lieue,
Comme il plaît à celle-ci.
Croit-elle que toujours j'en veuille user ainsi ?
15   Je suis son humble servante.
On m'a faite, Dieu merci,
Sa sœur, et non sa suivante.
Toutes deux de même sang,
Traitez-nous de même sorte :
20   Aussi bien qu'elle je porte
Un poison prompt et puissant.
Enfin voilà ma requête :
C'est à vous de commander,
Qu'on me laisse précéder
25   À mon tour ma sœur la tête.
Je la conduirai si bien,
Qu'on ne se plaindra de rien. »
Le Ciel eut pour ces vœux une bonté cruelle.
Souvent sa complaisance a de méchants effets.
30 Il devrait être sourd aux aveugles souhaits.
Il ne le fut pas lors : et la guide nouvelle,
Qui ne voyait au grand jour,
Pas plus clair que dans un four,
Donnait tantôt contre un marbre,
35   Contre un passant, contre un arbre.
Droit aux ondes du Styx[1] elle mena sa sœur.
Malheureux les États tombés dans son erreur.

---

1. Styx : un des fleuves des Enfers.

Fable 17

UN ANIMAL DANS LA LUNE

Pendant qu'un Philosophe[1] assure
Que toujours par leurs sens les hommes sont dupés,
Un autre Philosophe[2] jure
Qu'ils ne nous ont jamais trompés.
5   Tous les deux ont raison; et la Philosophie
Dit vrai, quand elle dit que les sens tromperont
Tant que sur leur rapport les hommes jugeront;
Mais aussi si l'on rectifie
L'image de l'objet sur son éloignement,
10   Sur le milieu qui l'environne,
Sur l'organe, et sur l'instrument,
Les sens ne tromperont personne.
La nature ordonna ces choses sagement:
J'en dirai quelque jour les raisons amplement.
15 J'aperçois le Soleil; quelle en est la figure[3]?
Ici-bas ce grand corps n'a que trois pieds de tour:
Mais si je le voyais là-haut dans son séjour,
Que serait-ce à mes yeux que[4] l'œil de la nature[5]?
Sa distance me fait juger de sa grandeur;
20 Sur l'angle et les côtés ma main la détermine;
L'ignorant le croit plat, j'épaissis sa rondeur;
Je le rends immobile, et la terre chemine.

---

1. Il s'agit de Descartes (1596-1650), qui assurait que les apparences sont trompeuses.

2. Cet « autre philosophe » est Gassendi (1592-1655). Le débat entre ces deux philosophes porte sur la connaissance sensible (que nous transmettent nos sens).

3. La figure: l'aspect extérieur.

4. Que: sinon que.

5. L'œil de la nature: métaphore désignant le Soleil.

Bref je démens mes yeux en toute sa machine[1].
Ce sens ne me nuit point par son illusion.
     Mon âme en toute occasion
Développe le vrai caché sous l'apparence.
     Je ne suis point d'intelligence
Avecque mes regards peut-être un peu trop prompts,
Ni mon oreille lente à m'apporter les sons.
Quand l'eau courbe un bâton[2], ma raison le redresse,
     La raison décide en maîtresse.
     Mes yeux, moyennant ce secours,
Ne me trompent jamais, en me mentant toujours.
Si je crois leur rapport, erreur assez commune,
Une tête de femme est au corps de la Lune.
Y peut-elle être? Non. D'où vient donc cet objet?
Quelques lieux inégaux font de loin cet effet.
La Lune nulle part n'a sa surface unie:
Montueuse en des lieux, en d'autres aplanie,
L'ombre avec la lumière y peut tracer souvent
     Un Homme, un Bœuf, un Éléphant.
Naguère l'Angleterre y vit chose pareille[3],
La lunette placée[4], un animal nouveau
     Parut dans cet astre si beau;
     Et chacun de crier merveille.
Il était arrivé là-haut un changement
Qui présageait sans doute un grand événement.
Savait-on si la guerre entre tant de puissances

ooo

---

1. En toute sa machine: pour tout ce qui concerne le soleil.

2. L'eau ne courbe pas le bâton mais le fait paraître courbe (illusion d'optique).

3. Allusion à un poème satirique de l'Anglais Samuel Butler, *L'Éléphant dans la Lune*, composé pour se moquer d'une bévue commise par un savant de la Royal Society de Londres.

4. La lunette placée: la lunette astronomique braquée.

N'en était point l'effet ? Le Monarque[1] accourut :
50 Il favorise en Roi ces hautes connaissances.
Le Monstre dans la Lune à son tour lui parut.
C'était une Souris cachée entre les verres :
Dans la lunette était la source de ces guerres.
On en rit. Peuple heureux, quand pourront les François[2]
55 Se donner comme vous entiers à ces emplois ?
Mars[3] nous fait recueillir d'amples moissons de gloire :
C'est à nos ennemis de craindre les combats,
À nous de les chercher, certains que la victoire
Amante de Louis[4] suivra partout ses pas.
60 Ses lauriers nous rendront célèbres dans l'histoire.
    Même les filles de Mémoire[5]
Ne nous ont point quittés : nous goûtons des plaisirs :
La paix fait nos souhaits, et non point nos soupirs.
Charles en sait jouir. Il saurait dans la guerre
65 Signaler sa valeur, et mener l'Angleterre
À ces jeux qu'en repos elle voit aujourd'hui.
Cependant, s'il pouvait apaiser la querelle,
Que d'encens ! Est-il rien de plus digne de lui ?
La carrière d'Auguste[6] a-t-elle été moins belle
70 Que les fameux exploits du premier des Césars ?
Ô peuple trop heureux, quand la paix[7] viendra-t-elle
Nous rendre comme vous tout entiers aux beaux-arts ?

---

1. Le Monarque : Charles II, roi d'Angleterre.

2. François : jusqu'au XVIe siècle, on prononçait *françois* au lieu de *français*.

3. Mars : dieu de la guerre chez les Romains.

4. Louis : Louis XIV.

5. Les filles de Mémoire : les neuf Muses qui, dans la mythologie, inspiraient les artistes. Elles étaient filles de Mnémosyne, déesse de la mémoire.

6. Auguste : célèbre empereur romain (63-17 avant notre ère) qui favorisa le développement des arts et des lettres.

7. Allusion à la guerre de Hollande. D'abord alliée de la France, l'Angleterre signe une paix séparée avec les Pays-Bas en 1674 et sert depuis de médiatrice entre les deux pays restés en guerre.

LIVRE HUITIÈME

Fable 1
LA MORT ET LE MOURANT

La mort ne surprend point le sage ;
Il est toujours prêt à partir,
S'étant su lui-même avertir
Du temps où l'on se doit résoudre à ce passage.
5   Ce temps, hélas ! embrasse tous les temps[1] :
Qu'on le partage en jours, en heures, en moments,
Il n'en est point qu'il ne comprenne
Dans le fatal tribut[2] ; tous sont de son domaine ;
Et le premier instant où les enfants des Rois
10   Ouvrent les yeux à la lumière,
Est celui qui vient quelquefois
Fermer pour toujours leur paupière.
Défendez-vous par la grandeur,
Alléguez la beauté, la vertu, la jeunesse,
15   La mort ravit tout sans pudeur.
Un jour le monde entier accroîtra sa richesse.
Il n'est rien de moins ignoré,
Et puisqu'il faut que je le die[3],
Rien où l'on soit moins préparé.
20 Un mourant qui comptait plus de cent ans de vie,
Se plaignait à la Mort que précipitamment
Elle le contraignait de partir tout à l'heure[4],
Sans qu'il eût fait son testament,
Sans l'avertir au moins. « Est-il juste qu'on meure

ooo

---

1. Ce temps : ce moment (de mourir) ; **tous les temps** : tous les moments.
2. Fatal tribut : la mort est un tribut à payer au destin.
3. Die : dise (forme archaïque du subjonctif présent du verbe *dire*).
4. Tout à l'heure : tout de suite.

25 Au pied levé ? dit-il : attendez quelque peu.
    Ma femme ne veut pas que je parte sans elle ;
    Il me reste à pourvoir un arrière-neveu[1] ;
    Souffrez[2] qu'à mon logis j'ajoute encore une aile.
    Que vous êtes pressante, ô Déesse cruelle !
30 — Vieillard, lui dit la Mort, je ne t'ai point surpris.
    Tu te plains sans raison de mon impatience.
    Eh n'as-tu pas cent ans ? trouve-moi dans Paris
    Deux mortels aussi vieux, trouve-m'en dix en France.
    Je devais, ce dis-tu, te donner quelque avis
35   Qui te disposât à la chose :
        J'aurais trouvé ton testament tout fait,
    Ton petit-fils pourvu, ton bâtiment parfait ;
    Ne te donna-t-on pas des avis quand la cause
            Du marcher et du mouvement,
40   Quand les esprits, le sentiment[3],
    Quand tout faillit[4] en toi ? Plus de goût, plus d'ouïe :
    Toute chose pour toi semble être évanouie :
    Pour toi l'astre du jour prend des soins superflus :
    Tu regrettes des biens qui ne te touchent plus.
45   Je t'ai fait voir tes camarades,
            Ou morts, ou mourants, ou malades.
    Qu'est-ce que tout cela, qu'[5]un avertissement ?
            Allons, vieillard, et sans réplique ;
            Il n'importe à la république[6]
50   Que tu fasses ton testament. »

---

1. Pourvoir : établir quelqu'un en le dotant d'un bien ; **arrière-neveu** : arrière-petit-fils.

2. Souffrez : permettez.

3. Le sentiment : les sensations.

4. Faillit : déclina jusqu'à disparaître.

5. Qu' : sinon.

6. République : État.

La Mort avait raison ; je voudrais qu'à cet âge
On sortît de la vie ainsi que d'un banquet,
Remerciant son hôte, et qu'on fît son paquet ;
Car de combien peut-on retarder le voyage ?
55 Tu murmures vieillard ; vois ces jeunes mourir,
        Vois-les marcher, vois-les courir
À des morts, il est vrai, glorieuses et belles,
Mais sûres cependant, et quelquefois cruelles.
J'ai beau te le crier ; mon zèle est indiscret :
60 Le plus semblable aux morts meurt le plus à regret.

3 QUESTIONS POUR VOUS GUIDER

« La Mort et le Mourant »

Une leçon de sagesse

En quoi la structure de cette fable est-elle originale ?

- La fable s'organise en **trois grands mouvements** :
  – un **préambule** (v. 1 à 19) sur le thème, fort ancien, de la mort inévitable ;
  – la **fable proprement dite** (v. 20 à 50), qui est un dialogue entre la Mort et le Mourant ;
  – une **réflexion morale** (v. 51 à 60) sur l'art de bien mourir, selon La Fontaine.
- Contrairement à la tradition, la fable du Mourant se trouve **encadrée par une dissertation morale et philosophique**. C'est le thème qui appelle la fable et non la fable qui appelle le thème.

Comment La Fontaine renouvelle-t-il le lieu commun sur la mort ?

- Par un **sens de la formule** : « La Mort ravit tout sans pudeur » (v. 15) ; par des **jeux de symétrie** (parallélisme et opposition) : « Il n'est rien de moins ignoré/[…]/Rien où l'on soit moins préparé » (v. 17 et 19).
- Par le **dialogue** entre le Mourant et la Mort, selon la figure rhétorique appelée « prosopopée ».
- Par la **valeur de l'argumentation**, fondée sur une série d'exemples que la Mort oppose aux plaintes du Mourant.
- Par le **lyrisme**, enfin, de La Fontaine : assimilation de la vie à un banquet (v. 51 à 53 : image empruntée à l'épicurisme), admonestation du poète au vieillard (v. 55 à 58).

Quels sont les principaux registres ?

- Le **registre tragique**, qui tient au sujet même de la fable.
- Le **registre élégiaque** : d'une part dans les plaintes du vieillard (v. 24 à 29) et d'autre part dans la description que la Mort fait du vieillard (v. 38 à 48).
- Le **registre héroïque** avec l'évocation finale des jeunes soldats courant « à des morts, il est vrai, glorieuses et belles » (v. 57).
- Le **registre lyrique** dans les confidences de La Fontaine (v. 51 à 54).

DÉFINITION CLÉ

Qu'est-ce qu'une prosopopée ?

Une prosopopée est une figure de style, qui consiste à **faire parler** fictivement **un individu mort** (ou absent), ou une réalité personnifiée. Elle donne une tournure **plus vivante** à une réflexion morale ou philosophique.

Fable 2

LE SAVETIER ET LE FINANCIER

Un Savetier[1] chantait du matin jusqu'au soir :
    C'était merveilles de le voir,
Merveilles de l'ouïr ; il faisait des passages[2],
Plus content qu'aucun des sept sages[3].
5 Son voisin au contraire, étant tout cousu d'or,
    Chantait peu, dormait moins encor[4].
    C'était un homme de finance.
Si sur le point du jour parfois il sommeillait,
Le Savetier alors en chantant l'éveillait,
10   Et le Financier se plaignait,
    Que les soins de la Providence
N'eussent pas au marché fait vendre le dormir,
    Comme le manger et le boire.
    En son hôtel[5] il fait venir
15 Le chanteur, et lui dit : « Or çà, sire Grégoire,
Que gagnez-vous par an ? – Par an ? ma foi Monsieur,
    Dit avec un ton de rieur,
Le gaillard Savetier, ce n'est point ma manière
De compter de la sorte ; et je n'entasse guère
20   Un jour sur l'autre : il suffit qu'à la fin

ooo

---

1. Savetier : artisan, généralement pauvre, qui raccommode les chaussures.

2. Il faisait des passages : il chantait des airs harmonieux.

3. Les sept sages : les sept hommes politiques, législateurs ou philosophes (ayant vécu avant Socrate) que la Grèce antique considérait comme sages : Thalès de Milet, Solon d'Athènes, Chilon de Sparte, Pittacos de Mytilène, Bias de Priène, Cléobule de Lidos et Périandre de Corinthe.

4. Encor : encore (licence poétique).

5. En son hôtel : en son hôtel particulier.

Gustave Doré (1832-1883), *Le Savetier et le Financier*. Coll. Archives Hatier.

J'attrape le bout de l'année :
Chaque jour amène son pain.
— Eh bien que gagnez-vous, dites-moi, par journée ?
— Tantôt plus, tantôt moins : le mal est que toujours
25 (Et sans cela nos gains seraient assez honnêtes),
Le mal est que dans l'an s'entremêlent des jours
　　Qu'il faut chommer[1] ; on nous ruine en Fêtes.
L'une fait tort à l'autre ; et Monsieur le Curé
De quelque nouveau Saint charge toujours son prône[2]. »
30 Le Financier riant de sa naïveté,
Lui dit : « Je vous veux mettre aujourd'hui sur le trône.
Prenez ces cent écus : gardez-les avec soin,
　　Pour vous en servir au besoin. »
Le Savetier crut voir tout l'argent que la terre
35 　　Avait depuis plus de cent ans
　　Produit pour l'usage des gens[3].
Il retourne chez lui ; dans sa cave il enserre[4]
　　L'argent et sa joie à la fois.
　　Plus de chant ; il perdit la voix
40 Du moment qu'il gagna ce qui cause nos peines.
　　Le sommeil quitta son logis,
　　Il eut pour hôtes les soucis,
　　Les soupçons, les alarmes vaines.
Tout le jour il avait l'œil au guet ; et la nuit,
45 　　Si quelque chat faisait du bruit,
Le chat prenait l'argent : à la fin le pauvre homme
S'en courut chez celui qu'il ne réveillait plus.
« Rendez-moi, lui dit-il, mes chansons et mon somme,
　　Et reprenez vos cent écus. »

---

1. Des jours qu'il faut chommer : des jours où l'on ne doit pas travailler, où le savetier ne gagne donc pas d'argent. Ces jours, institués par l'Église, étaient nombreux.

2. Prône : sermon dominical.

3. Les écus sont en or et l'or est extrait des mines (« la terre »).

4. Enserre : range soigneusement.

« Le Savetier et le Financier » — L'argent ne fait pas le bonheur

3 QUESTIONS POUR VOUS GUIDER

1. Sur quels contrastes la fable est-elle bâtie ?

- Un **contraste social** : les deux hommes représentent deux conditions sociales opposées : le pauvre (le Savetier) et le riche (le Financier).
- Un **contraste de caractères** : le Savetier est heureux, il chante du matin au soir ; le Financier se plaint, tout en se pensant très supérieur au Savetier.
- Un **contraste moral** : le Savetier a pour seule ambition de vivre et d'avoir de quoi vivre : (que « chaque jour amène son pain », v. 22) ; le Financier pense que sa richesse lui donne droit à tout.

2. Comment et pourquoi la situation initiale s'inverse-t-elle ?

- Par le **don de cent écus** que le Financier fait au Savetier, somme énorme pour ce dernier. C'est une péripétie, au sens littéraire du terme.
- La **peur d'être volé** s'empare du Savetier : il en perd joie et sommeil ; le voici perpétuellement à l'affût. Cela va chez lui jusqu'à l'obsession (comique) : « Si quelque chat faisait du bruit,/ Le chat prenait l'argent » (v. 45-46). Le Financier, lui, peut enfin dormir.
- Ce renversement de situation aboutit à un **retour à la situation initiale** : pauvre mais intelligent, le Savetier rend ses cent écus au Financier.

3. Quelles particularités cette fable possède-t-elle par rapport au modèle ésopique ?

- Cette fable ne possède **pas de « moralité » expressément formulée**, alors que c'est une constante depuis Ésope.
- La « moralité » n'en existe pas moins implicitement : elle est **contenue dans le récit**. Au lecteur de la formuler lui-même. Cette « moralité » pourrait être que l'argent ne fait pas le bonheur.
- L'absence explicite de « moralité » fait de cette fable une petite comédie.

DÉFINITION CLÉ

Qu'est-ce qu'une péripétie ?

Au théâtre (et par extension dans un roman ou un film), une péripétie est un **événement imprévu** qui provoque un **changement de situation**. La péripétie peut être réversible, comme ici. À ne pas confondre avec le sens courant du mot, qui désigne un incident sans grande importance.

Fable 3
LE LION, LE LOUP, ET LE RENARD

Un Lion décrépit, goutteux[1], n'en pouvant plus,
Voulait que l'on trouvât remède à la vieillesse :
Alléguer l'impossible aux Rois, c'est un abus.
    Celui-ci parmi chaque espèce
5 Manda[2] des Médecins ; il en est de tous arts[3] :
Médecins au Lion viennent de toutes parts ;
De tous côtés lui vient des donneurs de recettes.
    Dans les visites qui sont faites,
Le Renard se dispense, et se tient clos et coi[4].
10 Le Loup en fait sa cour, daube[5] au coucher du Roi
Son camarade absent ; le Prince tout à l'heure[6]
Veut qu'on aille enfumer Renard dans sa demeure,
Qu'on le fasse venir. Il vient, est présenté ;
Et, sachant que le Loup lui faisait cette affaire :
15 « Je crains, Sire, dit-il, qu'un rapport peu sincère,
    Ne m'ait à mépris[7] imputé
    D'avoir différé cet hommage ;
    Mais j'étais en pèlerinage ;
Et m'acquittais d'un vœu fait pour votre santé.
20   Même j'ai vu dans mon voyage

---

1. Décrépit : usé par l'âge, dans une grande déchéance physique ; **goutteux** : atteint de la *goutte*, affection qui se caractérise par une inflammation des articulations.

2. Manda : convoqua.

3. De tous arts : de toutes méthodes.

4. Clos et coi : cloîtré chez lui et silencieux.

5. Daube : raille.

6. Tout à l'heure : sur le champ.

7. À mépris : à tort.

>   Gens experts et savants; leur ai dit la langueur[1]
>   Dont votre Majesté craint à bon droit la suite:
>   Vous ne manquez que de chaleur;
>   Le long âge en vous l'a détruite:
> 25   D'un Loup écorché vif appliquez-vous la peau
>   Toute chaude et toute fumante;
>   Le secret[2] sans doute en est beau
>   Pour la nature défaillante.
>   Messire Loup vous servira,
> 30   S'il vous plaît, de robe de chambre. »
>   Le Roi goûte cet avis-là:
>   On écorche, on taille, on démembre
>   Messire Loup. Le Monarque en soupa;
>   Et de sa peau s'enveloppa;
> 35   Messieurs les courtisans, cessez de vous détruire:
>   Faites si vous pouvez votre cour sans vous nuire.
>   Le mal se rend chez vous au quadruple du bien.
>   Les daubeurs[3] ont leur tour, d'une ou d'autre manière:
>   Vous êtes dans une carrière
> 40   Où l'on ne se pardonne rien.

---

1. Langueur: affaiblissement physique, anémie.

2. Le secret: le remède connu des seuls « gens experts et savants » (v. 21), donc secret.

3. Les daubeurs: les railleurs.

« Le Lion, le Loup et le Renard »

Flatter est un art

POUR VOUS GUIDER

3 QUESTIONS

En quoi cette fable est-elle une satire de la cour ?

• **Par les mœurs de cour**, qu'elle révèle : les courtisans sont entre eux impitoyables. Le Loup médit du Renard et compte bien profiter de sa médisance. Le Renard invente de toutes pièces son « remède » et condamne sciemment à mort le Loup.
• **Par la « moralité »** de la fable, dans laquelle le fabuliste interpelle directement « messieurs les courtisans » : « Vous êtes dans une carrière/Où l'on ne se pardonne rien » (v. 39-40).
• **Par la mise en cause implicite du roi.** Si la « moralité » cible longuement « les courtisans », c'est pour mieux critiquer le roi. Celui-ci exige l'impossible et entend être obéi. Son autoritarisme et sa cruauté sont évidents. Le premier responsable des vices de la cour est donc le monarque.

En quoi la plaidoirie du Renard est-elle habile ?

• Il **se pose** d'emblée **en victime** : un « rapport peu sincère » l'a diffamé.
• Il affirme être un **sujet pieux et obéissant** : il a entrepris un pèlerinage pour obtenir de la divinité le rétablissement du roi. L'argument est faux mais imparable.
• Il suggère un **remède** : la peau d'un Loup écorché. Le Renard retourne contre le Loup le piège que celui-ci lui tendait. Son plaidoyer *pro domo* est donc un chef-d'œuvre d'hypocrisie et d'habileté.

Quels sont les types de vers utilisés dans cette fable ?

• La fable est **hétérométrique** : elle comporte des alexandrins et des octosyllabes.
• Les **rimes** sont **tantôt plates** (aabb), **tantôt croisées** (abab), comme, par exemple, dans les quatre premiers vers.
• L'**alternance entre rimes féminines et rimes féminines**, souhaitée en principe, n'est **pas toujours respectée**.

DÉFINITION CLÉ

Qu'est-ce qu'un plaidoyer pro domo ?

En latin, l'expression *pro domo* signifie « en faveur de sa propre maison ». Un plaidoyer *pro domo* est une **plaidoirie** que l'on fait **pour défendre ses propres intérêts**.

Fable 4

LE POUVOIR DES FABLES

À M. DE BARRILLON[1]

      La qualité d'Ambassadeur
Peut-elle s'abaisser à des contes vulgaires[2] ?
Vous puis-je offrir mes vers et leurs grâces légères ?
S'ils osent quelquefois prendre un air de grandeur,
5 Seront-ils point traités par vous de téméraires ?
      Vous avez bien d'autres affaires
      À démêler que les débats
      Du Lapin et de la Belette :
      Lisez-les, ne les lisez pas ;
10   Mais empêchez qu'on ne nous mette
      Toute l'Europe sur les bras[3].
      Que de mille endroits de la terre
      Il nous vienne des ennemis,
      J'y consens ; mais que l'Angleterre
15 Veuille que nos deux Rois se lassent d'être amis,
      J'ai peine à digérer la chose.
N'est-il point encor temps que Louis se repose ?
Quel autre Hercule[4] enfin ne se trouverait las
De combattre cette Hydre ? et faut-il qu'elle oppose
20 Une nouvelle tête aux efforts de son bras ?
      Si votre esprit plein de souplesse,

---

1. Paul de Barrillon, ambassadeur de Louis XIV en 1677-1678 auprès du roi d'Angleterre Charles II durant la guerre de Hollande.

2. Vulgaires : populaires.

3. Allusion à une possible alliance de l'Angleterre, de l'Espagne, des Provinces-Unies et de l'empire des Habsbourg contre la France.

4. Hercule : nom latin d'Héraclès, héros légendaire d'une force « herculéenne », célèbre pour ses douze travaux, dont celui d'avoir tué l'hydre de Lerne, un monstre à cent têtes.

>   Par éloquence, et par adresse[1],
>   Peut adoucir les cœurs, et détourner ce coup,
>   Je vous sacrifierai cent moutons ; c'est beaucoup
> 25   Pour un habitant du Parnasse[2].
>   Cependant faites-moi la grâce
>   De prendre en don ce peu d'encens.
>   Prenez en gré mes vœux ardents,
>   Et le récit en vers qu'ici je vous dédie.
> 30   Son sujet vous convient ; je n'en dirai pas plus :
>   Sur les Éloges que l'envie
>   Doit avouer qui vous sont dus,
>   Vous ne voulez pas qu'on appuie.
>
>   Dans Athènes autrefois peuple vain et léger,
> 35   Un Orateur[3] voyant sa patrie en danger,
>   Courut à la Tribune ; et d'un art tyrannique,
>   Voulant forcer les cœurs dans une république,
>   Il parla fortement sur le commun salut.
>   On ne l'écoutait pas : l'Orateur recourut
> 40   À ces figures[4] violentes,
>   Qui savent exciter[5] les âmes les plus lentes.
>   Il fit parler les morts[6] ; tonna, dit ce qu'il put.
>   Le vent emporta tout ; personne ne s'émut.

ooo

---

1. Adresse : habileté (diplomatique).

2. Parnasse : montagne grecque, demeure des Muses.

3. Un Orateur : il s'agit de Démosthène qui mit en garde les Athéniens contre les intentions belliqueuses du roi de Macédoine Philippe II (IVe siècle avant notre ère), d'où le nom de *Philippiques* donné aux discours qu'il prononça alors.

4. Figures : figures de rhétorique, telles que les métaphores, les apostrophes, l'agrandissement épique.

5. Exciter : émouvoir.

6. Faire parler les morts est une figure de rhétorique appelée « prosopopée » (voir ci-dessus, p. 66).

L'animal aux têtes frivoles,
45 Étant fait à ces traits[1], ne daignait l'écouter.
Tous regardaient ailleurs : il en vit s'arrêter
À des combats d'enfants, et point à ses paroles.
Que fit le harangueur ? Il prit un autre tour.
« Cérès[2], commença-t-il, faisait voyage un jour
50   Avec l'Anguille et l'Hirondelle.
Un fleuve les arrête ; et l'Anguille en nageant,
    Comme l'Hirondelle en volant,
Le traversa bientôt. » L'assemblée à l'instant
Cria tout d'une voix : « Et Cérès, que fit-elle ?
55   – Ce qu'elle fit ? un prompt courroux
    L'anima d'abord contre vous.
Quoi, de contes d'enfants son peuple s'embarrasse !
    Et du péril qui le menace
Lui seul entre les Grecs il néglige l'effet !
60 Que ne demandez-vous ce que Philippe fait ? »
    À ce reproche l'assemblée,
    Par l'Apologue[3] réveillée,
    Se donne entière à l'Orateur :
    Un trait de Fable[4] en eut l'honneur.
65 Nous sommes tous d'Athènes en ce point ; et moi-même,
Au moment que je fais cette moralité,
    Si *Peau d'âne*[5] m'était conté,
    J'y prendrais un plaisir extrême ;
Le monde est vieux, dit-on ; je le crois, cependant
70 Il le faut amuser encor[6] comme un enfant.

---

1. Traits : ici, les figures de style.

2. Cérès : déesse romaine des moissons et, plus généralement, de la terre nourricière.

3. Apologue : petite fable.

4. Un trait de Fable : une ingéniosité de Fable.

5. Avant qu'en 1694 Charles Perrault n'en fasse un conte, l'histoire de *Peau d'âne* était largement connue et transmise oralement de génération en génération.

6. Encor : encore (licence poétique).

Fable 5
L'HOMME ET LA PUCE

Par des vœux importuns nous fatiguons les Dieux ;
Souvent pour des sujets même indignes des hommes.
Il semble que le Ciel sur tous tant que nous sommes
Soit obligé d'avoir incessamment les yeux,
5 Et que le plus petit de la race mortelle,
À chaque pas qu'il fait, à chaque bagatelle,
Doive intriguer l'Olympe[1] et tous ses citoyens,
Comme s'il s'agissait des Grecs et des Troyens[2].
Un Sot par une puce eut l'épaule mordue.
10 Dans les plis de ses draps elle alla se loger.
« Hercule[3], ce dit-il, tu devais bien purger
La terre de cette Hydre[4] au Printemps revenue.
Que fais-tu Jupiter, que du haut de la nue[5]
Tu n'en perdes la race afin de me venger ? »
15 Pour tuer une puce il voulait obliger
Ces Dieux à lui prêter leur foudre et leur massue[6].

---

1. Olympe : massif montagneux du nord de la Grèce, séjour des dieux dans l'Antiquité grecque.

2. Allusion à la guerre de Troie, entre Grecs et Troyens, qui dura dix ans, et qu'Homère a racontée dans son épopée de l'*Iliade*.

3. Hercule : nom latin d'Héraclès, héros légendaire d'une force « herculéenne », célèbre pour ses douze travaux, dont celui d'avoir tué l'hydre de Lerne, un monstre à cent têtes.

4. Hydre : hydre de Lerne, monstre à cent têtes, dont la mort compte parmi les douze travaux d'Hercule.

5. La nue : le ciel.

6. La **foudre** était l'attribut de Zeus et la **massue** celui d'Hercule.

Fable 6

LES FEMMES ET LE SECRET

    Rien ne pèse tant qu'un secret ;
Le porter loin est difficile aux Dames :
      Et je sais même sur ce fait
      Bon nombre d'hommes qui sont femmes.
5 Pour éprouver la sienne un mari s'écria
La nuit étant près d'elle : « Ô dieux ! qu'est-ce cela ?
      Je n'en puis plus ; on me déchire ;
Quoi ! j'accouche d'un œuf ! – D'un œuf ? – Oui, le voilà
Frais et nouveau pondu : gardez bien de le dire :
10 On m'appellerait poule. Enfin n'en parlez pas. »
      La femme neuve sur ce cas,
      Ainsi que sur mainte autre affaire,
Crut la chose, et promit ses grands dieux de se taire.
      Mais ce serment s'évanouit
15   Avec les ombres de la nuit.
      L'épouse indiscrète[1] et peu fine[2],
Sort du lit quand le jour fut à peine levé :
      Et de courir chez sa voisine.
« Ma commère, dit-elle, un cas est arrivé :
20 N'en dites rien surtout, car vous me feriez battre.
Mon mari vient de pondre un œuf gros comme quatre.
      Au nom de Dieu gardez-vous bien
      D'aller publier ce mystère.
– Vous moquez-vous ? dit l'autre. Ah, vous ne savez guère
25   Quelle je suis. Allez, ne craignez rien. »
La femme du pondeur s'en retourne chez elle.

---

1. Indiscrète : qui ne sait pas être discrète, donc garder un secret.
2. Peu fine : peu intelligente.

L'autre grille[1] déjà de conter la nouvelle :
Elle va la répandre en plus de dix endroits.
    Au lieu d'un œuf elle en dit trois.
30 Ce n'est pas encor tout, car une autre commère
En dit quatre, et raconte à l'oreille le fait,
    Précaution peu nécessaire,
    Car ce n'était plus un secret.
Comme le nombre d'œufs, grâce à la renommée[2],
35   De bouche en bouche allait croissant,
    Avant la fin de la journée
    Ils se montaient à plus d'un cent.

---

1. Grille : brûle.
2. Renommée : rumeur.

Fable 7

LE CHIEN QUI PORTE À SON COU
LE DÎNÉ[1] DE SON MAÎTRE

Nous n'avons pas les yeux à l'épreuve des belles[2],
    Ni les mains à celle de l'or :
    Peu de gens gardent un trésor
    Avec des soins assez fidèles.
5 Certain Chien qui portait la pitance[3] au logis,
S'était fait un collier du dîné de son maître.
Il était tempérant[4] plus qu'il n'eût voulu l'être,
    Quand il voyait un mets exquis :
Mais enfin il l'était et tous tant que nous sommes
10 Nous nous laissons tenter à l'approche des biens.
Chose étrange ! on apprend la tempérance aux chiens,
    Et l'on ne peut l'apprendre aux hommes.
Ce Chien-ci donc étant de la sorte atourné[5],
Un mâtin[6] passe, et veut lui prendre le dîné.
15   Il n'en eut pas toute la joie
Qu'il espérait d'abord : le Chien mit bas la proie,
Pour la défendre mieux n'en étant plus chargé.
    Grand combat : d'autres chiens arrivent ;
    Ils étaient de ceux-là qui vivent
20 Sur le public et craignent peu les coups.
Notre Chien, se voyant trop faible contre eux tous,
Et que la chair courait un danger manifeste,

---

1. Dîné : dîner (à l'époque le déjeuner).
2. Des belles : des femmes.
3. Pitance : nourriture.
4. Tempérant : sobre, modéré.
5. Atourné : orné (de son collier).
6. Mâtin : gros chien de garde.

Voulut avoir sa part ; et lui sage, il leur dit :
« Point de courroux, Messieurs, mon lopin[1] me suffit :
25   Faites votre profit du reste. »
À ces mots, le premier il vous happe un morceau.
Et chacun de tirer, le mâtin, la canaille[2] ;
   À qui mieux mieux ; ils firent tous ripaille ;
   Chacun d'eux eut part au gâteau.
30 Je crois voir en ceci l'image d'une Ville,
Où l'on met les deniers[3] à la merci des gens.
   Échevins[4], Prévôt des Marchands[5],
   Tout fait sa main : le plus habile
Donne aux autres l'exemple ; et c'est un passe-temps
35 De leur voir nettoyer un monceau de pistoles[6].
Si quelque scrupuleux par des raisons frivoles
Veut défendre l'argent, et dit le moindre mot,
   On lui fait voir qu'il est un sot.
   Il n'a pas de peine à se rendre[7] :
40   C'est bientôt le premier à prendre.

---

1. Lopin : morceau de viande attrapé à la hâte (ne pas confondre avec un lopin de terre).

2. Canaille : bande de chiens (sens étymologique, le mot latin *canis* signifiant « chien »).

3. Deniers : au sens large de « deniers publics », le denier étant une pièce de monnaie.

4. Échevins : magistrats municipaux.

5. Prévôt des Marchands : celui qui dirige l'administration municipale de Paris (à l'époque, il n'y avait pas de maire).

6. Pistoles : pièces de monnaie en or, équivalant aux louis.

7. À se rendre : à se ranger à l'avis des autres.

Fable 8
LE RIEUR ET LES POISSONS

On cherche les Rieurs; et moi je les évite.
Cet art veut sur tout autre un suprême mérite.
    Dieu ne créa que pour les sots
    Les méchants diseurs de bons mots.
    J'en vais peut-être en une Fable
    Introduire un; peut-être aussi
Que quelqu'un trouvera que j'aurai réussi.
    Un Rieur était à la table
   D'un Financier; et n'avait en son coin
Que de petits poissons; tous les gros étaient loin.
Il prend donc les menus[1], puis leur parle à l'oreille,
    Et puis il feint à la pareille,
D'écouter leur réponse. On demeura surpris:
    Cela suspendit les esprits.
    Le Rieur alors d'un ton sage
    Dit qu'il craignait qu'un sien ami
    Pour les grandes Indes parti,
    N'eût depuis un an fait naufrage.
Il s'en informait donc à ce menu fretin:
Mais tous lui répondaient qu'ils n'étaient pas d'un âge
    À savoir au vrai son destin;
    Les gros en sauraient davantage.
« N'en puis-je donc, Messieurs, un gros interroger? »
    De dire si la compagnie
    Prit goût à sa plaisanterie,
J'en doute; mais enfin, il les sut engager
À lui servir d'un monstre assez vieux pour lui dire

---

1. Les menus: les petits poissons.

Tous les noms des chercheurs de mondes inconnus
    Qui n'en étaient pas revenus,
30 Et que depuis cent ans sous l'abîme[1] avaient vus
    Les anciens du vaste empire.

Fable 9
LE RAT ET L'HUÎTRE

Un Rat hôte d'un champ, Rat de peu de cervelle,
Des Lares[2] paternels un jour se trouva sou[3].
Il laisse là le champ, le grain, et la javelle[4],
Va courir le pays, abandonne son trou.
5   Sitôt qu'il fut hors de la case,
« Que le monde, dit-il, est grand et spacieux !
Voilà les Apennins, et voici le Caucase[5] » :
La moindre taupinée[6] était mont à ses yeux.
Au bout de quelques jours le voyageur arrive
10 En un certain canton où Téthys[7] sur la rive
Avait laissé mainte[8] Huître ; et notre Rat d'abord
Crut voir en les voyant des vaisseaux de haut bord.

ooo

---

1. Sous l'abîme : au fond des mers et des océans.

2. Lares : dieux domestiques chez les Romains.

3. Se trouva sou : se trouva rassasié (voir l'expression *en avoir tout son soûl*, en avoir assez).

4. Javelle : blé coupé séchant à même le champ.

5. Apennins : chaîne de montagnes italienne ; **Caucase** : chaîne de montagnes séparant l'Orient de l'Occident.

6. Taupinée : monticule de terre formé par les rejets des *taupes* lorsqu'elles creusent leurs galeries.

7. Thétys : déesse grecque des fleuves et des rivières, épouse d'Océan.

8. Mainte Huître : beaucoup d'huîtres.

« Certes, dit-il, mon père était un pauvre sire :
Il n'osait voyager, craintif au dernier point :
15 Pour moi, j'ai déjà vu le maritime empire :
J'ai passé les déserts, mais nous n'y bûmes point. »
D'un certain magister[1] le Rat tenait ces choses,
    Et les disait à travers champs ;
N'étant pas de ces Rats qui les livres rongeants
20   Se font savants jusques aux dents.
    Parmi tant d'Huîtres toutes closes,
Une s'était ouverte, et bâillant au Soleil,
    Par un doux Zéphir[2] réjouie,
Humait l'air, respirait, était épanouie,
25 Blanche, grasse, et d'un goût à la voir nonpareil.
D'aussi loin que le Rat voit cette Huître qui bâille :
« Qu'aperçois-je ? dit-il, c'est quelque victuaille ;
Et, si je ne me trompe à la couleur du mets,
Je dois faire aujourd'hui bonne chère, ou jamais. »
30 Là-dessus maître Rat plein de belle espérance,
Approche de l'écaille, allonge un peu le cou,
Se sent pris comme aux lacs : car l'Huître tout d'un coup
Se referme, et voilà ce que fait l'ignorance.

Cette Fable contient plus d'un enseignement.
35   Nous y voyons premièrement :
Que ceux qui n'ont du monde aucune expérience
Sont aux moindres objets frappés d'étonnement :
    Et puis nous y pouvons apprendre,
    Que tel est pris qui croyait prendre.

---

1. Magister : maître d'école dans un village.
2. Zéphir : vent doux et printanier.

Fable 10
L'OURS ET L'AMATEUR DES JARDINS

Certain Ours montagnard, Ours à demi léché,
Confiné par le sort dans un bois solitaire,
Nouveau Bellérophon[1] vivait seul et caché :
Il fût devenu fou ; la raison d'ordinaire
5 N'habite pas longtemps chez les gens séquestrés :
Il est bon de parler, et meilleur de se taire,
Mais tous deux sont mauvais alors qu'ils sont outrés.
    Nul animal n'avait affaire
    Dans les lieux que l'Ours habitait ;
10   Si bien que tout Ours qu'il était
Il vint à s'ennuyer de cette triste vie.
Pendant qu'il se livrait à la mélancolie,
    Non loin de là certain vieillard
    S'ennuyait aussi de sa part[2].
15 Il aimait les jardins, était Prêtre de Flore[3],
    Il l'était de Pomone[4] encore :
Ces deux emplois sont beaux ; mais je voudrais parmi[5]
    Quelque doux et discret ami.
Les jardins parlent peu ; si ce n'est dans mon livre ;
20   De façon que lassé de vivre
Avec des gens muets notre homme un beau matin
Va chercher compagnie, et se met en campagne.

ooo

---

1. Bellérophon : héros légendaire condamné par les dieux à vivre solitaire, sans aucun contact avec les humains.
2. De sa part : de son côté.
3. Flore : déesse romaine des fleurs.
4. Pomone : divinité romaine des fruits.
5. Parmi : parmi les jardins.

L'Ours porté d'un même dessein
Venait de quitter sa montagne :
25 Tous deux par un cas surprenant
Se rencontrent en un tournant.
L'homme eut peur : mais comment esquiver ; et que faire ?
Se tirer en Gascon d'une semblable affaire[1]
Est le mieux : il sut donc dissimuler sa peur.
30 L'Ours très mauvais complimenteur
Lui dit : « Viens-t'en me voir. » L'autre reprit : « Seigneur,
Vous voyez mon logis ; si vous me vouliez faire
Tant d'honneur que d'y prendre un champêtre repas,
J'ai des fruits, j'ai du lait : ce n'est peut-être pas
35 De Nosseigneurs les Ours le manger ordinaire ;
Mais j'offre ce que j'ai. » L'Ours l'accepte ; et d'aller.
Les voilà bons amis avant que d'arriver.
Arrivés, les voilà se trouvant bien ensemble ;
Et bien qu'on soit à ce qu'il semble
40 Beaucoup mieux seul qu'avec des sots,
Comme l'Ours en un jour ne disait pas deux mots
L'homme pouvait sans bruit vaquer à son ouvrage.
L'Ours allait à la chasse, apportait du gibier,
Faisait son principal métier
45 D'être bon émoucheur[2], écartait du visage
De son ami dormant, ce parasite ailé,
Que nous avons mouche appelé.
Un jour que le vieillard dormait d'un profond somme,
Sur le bout de son nez une allant se placer
50 Mit l'Ours au désespoir, il eut beau la chasser.
« Je t'attraperai bien, dit-il. Et voici comme. »

---

1. Se tirer en Gascon d'une semblable affaire : fanfaronner dans une semblable affaire.

2. Émoucheur : chasseur de mouches.

Aussitôt fait que dit ; le fidèle émoucheur
Vous empoigne un pavé, le lance avec roideur[1],
Casse la tête à l'homme en écrasant la mouche,
55 Et non moins bon archer que mauvais raisonneur :
Roide mort étendu sur la place il le couche.
Rien n'est si dangereux qu'un ignorant ami ;
    Mieux vaudrait un sage ennemi.

Fable 11
LES DEUX AMIS

Deux vrais amis vivaient au Monomotapa[2] :
L'un ne possédait rien qui n'appartînt à l'autre :
    Les amis de ce pays-là
    Valent bien, dit-on, ceux du nôtre.
5 Une nuit que chacun s'occupait au sommeil,
Et mettait à profit l'absence du Soleil,
Un de nos deux Amis sort du lit en alarme[3] :
Il court chez son intime, éveille les valets ;
Morphée[4] avait touché le seuil de ce palais.
10 L'Ami couché s'étonne, il prend sa bourse, il s'arme ;
Vient trouver l'autre, et dit : « Il vous arrive peu
De courir quand on dort ; vous me paraissiez homme
À mieux user du temps destiné pour le somme :

ooo

---

1. Avec roideur : avec force.
2. Monomotapa : empire de l'Afrique orientale, conquis par les Portugais au début du XVIIe siècle. Peu connu des Français, ce lieu prend à l'époque des dimensions mythiques.
3. En alarme : très inquiet.
4. Morphée : dieu des songes dans la mythologie gréco-romaine.

N'auriez-vous point perdu tout votre argent au jeu ?
15 En voici : s'il vous est venu quelque querelle,
J'ai mon épée, allons. Vous ennuyez-vous point
De coucher toujours seul ? une esclave assez belle
Était à mes côtés : voulez-vous qu'on l'appelle ?
— Non, dit l'ami, ce n'est ni l'un ni l'autre point :
20   Je vous rends grâce de ce zèle.
Vous m'êtes en dormant un peu triste apparu ;
J'ai craint qu'il ne fût vrai, je suis vite accouru.
      Ce maudit songe en est la cause. »
Qui d'eux aimait le mieux ? que t'en semble, Lecteur ?
25 Cette difficulté vaut bien qu'on la propose.
Qu'un ami véritable est une douce chose.
Il cherche vos besoins au fond de votre cœur ;
      Il vous épargne la pudeur[1]
      De les lui découvrir vous-même.
30   Un songe, un rien, tout lui fait peur
      Quand il s'agit de ce qu'il aime.

---

1. La pudeur : le sentiment de honte.

« Les Deux Amis » | # Un éloge de l'amitié

1. Pourquoi la fable se déroule-t-elle au Monomotapa (v. 1) ?

- Parce que c'est un **pays lointain** : historiquement et géographiquement, le « Monomotapa » était un empire de l'Afrique australe.
- Parce que ce pays est si lointain et si mal connu du lecteur – voire pas du tout – qu'il en devient un **pays imaginaire, fabuleux**.
- Parce qu'il devient dès lors propice à la **naissance d'une utopie**, la perfection ne pouvant se trouver que dans un ailleurs chimérique.

2. Comment se manifeste la profondeur de l'amitié qui unit les deux hommes ?

- Par l'**inquiétude**, sans fondement mais réelle, du premier qui se précipite nuitamment chez le second.
- Par les **offres de service**, immédiates et sans demande d'explication : le don d'argent (v. 14-15), l'assistance dans un duel pour régler une question d'honneur (v. 15-16), le prêt de sa propre maîtresse (v. 17-18).
- Par la **disproportion entre les effets** (l'inquiétude, le réveil précipité et les offres de service) **et leur cause** : « Vous m'êtes en dormant un peu triste apparu/ J'ai craint qu'il ne fût vrai, je suis vite accouru » (v. 21-22).

3. En quoi cette fable est-elle un poème lyrique ?

- Par l'**éloge de l'amitié** : « Qu'un ami véritable est une douce chose » (v. 26).
- Par l'**apostrophe au lecteur** : « Qui d'eux aimait le mieux ? que t'en semble lecteur ? » (v. 24).
- Par la **musicalité** et le **rythme** des derniers vers (v. 26-31).
- Tout se passe comme si la fable était une **confidence** ou une **nostalgie** du fabuliste.

DÉFINITION CLÉ

Qu'est-ce qu'une utopie ?

Désignant littéralement en grec « **ce qui n'existe nulle part** », l'utopie est le nom que Thomas More (1478-1535) a donné à la cité idéale qu'il imagine dans son roman *Utopia* (1516). Par extension, l'utopie désigne un **idéal de perfection**, par définition irréalisable sur terre, et donc situé dans un ailleurs chimérique.

Fable 12
LE COCHON, LA CHÈVRE
ET LE MOUTON

Une Chèvre, un Mouton, avec un Cochon gras,
Montés sur même char s'en allaient à la foire :
Leur divertissement ne les y portait pas ;
On s'en allait les vendre, à ce que dit l'histoire :
5   Le Charton[1] n'avait pas dessein
    De les mener voir Tabarin[2] :
    Dom Pourceau criait en chemin,
Comme s'il avait eu cent Bouchers à ses trousses.
C'était une clameur à rendre les gens sourds :
10 Les autres animaux, créatures plus douces,
Bonnes gens, s'étonnaient qu'il criât au secours ;
    Ils ne voyaient nul mal à craindre.
Le Charton dit au Porc : « Qu'as-tu tant à te plaindre ?
Tu nous étourdis tous, que ne te tiens-tu coi[3] ?
15 Ces deux personnes-ci plus honnêtes que toi,
Devraient t'apprendre à vivre, ou du moins à te taire.
Regarde ce Mouton ; a-t-il dit un seul mot ?
    Il est sage. — Il est un sot,
Repartit le Cochon : s'il savait son affaire,
20 Il crierait comme moi, du haut de son gosier,
    Et cette autre personne honnête
    Crierait tout du haut de sa tête.
Ils pensent qu'on les veut seulement décharger,
La Chèvre de son lait, le Mouton de sa laine.

---

1. Charton : le conducteur du char.
2. Tabarin : nom d'un célèbre saltimbanque du théâtre de foire à Paris.
3. Coi : tranquille et silencieux.

25 Je ne sais pas s'ils ont raison;
    Mais quant à moi qui ne suis bon
    Qu'à manger, ma mort est certaine.
    Adieu mon toit et ma maison. »
   Dom Pourceau raisonnait en subtil personnage:
30 Mais que lui servait-il[1]? Quand le mal est certain,
   La plainte ni la peur ne changent le destin;
   Et le moins prévoyant est toujours le plus sage.

Fable 13
TIRCIS ET AMARANTE[2]

POUR MADEMOISELLE DE SILLERY[3]

   J'avais Ésope quitté
   Pour être tout à Boccace[4]:
   Mais une divinité
   Veut revoir sur le Parnasse[5]
5 Des Fables de ma façon;
   Or d'aller lui dire non,
   Sans quelque valable excuse,
   Ce n'est pas comme on en use
   Avec des Divinités,

ooo

---

1. Mais que lui servait-il?: mais à quoi lui servait-il?

2. Tircis: nom d'un jeune berger dans la poésie pastorale et galante; **Amarante**: nom de la bergère.

3. Mlle de Sillery: nièce du moraliste La Rochefoucauld, auteur de *Maximes*, qui, par son mariage en 1675, était devenue marquise de la Motte-au-Maine.

4. Boccace: poète italien du XIVe siècle, auteur de recueils galants dont La Fontaine avait adapté et publié les contes entre 1671 et 1674.

5. Parnasse: massif montagneux de Grèce, considéré comme le séjour des Muses.

10   Surtout quand ce sont de celles
         Que la qualité de belles
         Fait Reines des volontés.
         Car afin que l'on le sache
         C'est Sillery qui s'attache
15   À vouloir que de nouveau
         Sire Loup, Sire Corbeau
         Chez moi se parlent en rime.
         Qui dit Sillery, dit tout;
         Peu de gens en leur estime
20   Lui refusent le haut bout[1];
         Comment le pourrait-on faire?
         Pour venir à notre affaire,
         Mes contes à son avis
         Sont obscurs; les beaux esprits
25   N'entendent pas toute chose:
         Faisons donc quelques récits
         Qu'elle déchiffre sans glose[2].
    Amenons des Bergers, et puis nous rimerons
    Ce que disent entre eux les Loups et les Moutons.
30 Tircis disait un jour à la jeune Amarante:
    « Ah! si vous connaissiez comme moi certain mal
         Qui nous plaît et qui nous enchante!
    Il n'est bien sous le Ciel qui vous parût égal:
         Souffrez[3] qu'on vous le communique;
35   Croyez-moi; n'ayez point de peur;
    Voudrais-je vous tromper, vous pour qui je me pique
    Des plus doux sentiments que puisse avoir un cœur? »
         Amarante aussitôt réplique:

---

1. Le haut bout (d'une table): la place la plus honorable.

2. Glose: explication lourde et savante.

3. Souffrez: permettez.

« Comment l'appelez-vous, ce mal ? quel est son nom ?
40 — L'amour. — Ce mot est beau : dites-moi quelque marque
À quoi je le pourrai connaître : que sent-on ?
— Des peines près de qui le plaisir des Monarques
Est ennuyeux et fade : on s'oublie, on se plaît
   Toute seule en une forêt.
45   Se mire-t-on[1] près un rivage,
Ce n'est pas soi qu'on voit, on ne voit qu'une image
Qui sans cesse revient et qui suit en tous lieux :
   Pour tout le reste on est sans yeux.
   Il est un Berger du Village
50 Dont l'abord[2], dont la voix, dont le nom fait rougir :
   On soupire à son souvenir :
On ne sait pas pourquoi ; cependant on soupire ;
On a peur de le voir, encor qu'on le désire. »
   Amarante dit à l'instant :
55 « Oh ! oh ! c'est là ce mal que vous me prêchez tant ?
Il ne m'est pas nouveau : je pense le connaître. »
   Tircis à son but croyait être,
Quand la belle ajouta : « Voilà tout justement
   Ce que je sens pour Clidamant. »
60 L'autre pensa mourir de dépit[3] et de honte.
   Il est force gens comme lui,
Qui prétendent n'agir que pour leur propre compte,
   Et qui font le marché d'autrui[4].

---

1. Se mire-t-on : regarde-t-on le reflet de son visage dans l'eau.

2. L'abord : la rencontre.

3. Dépit : jalousie.

4. Qui font le marché d'autrui : qui font les affaires d'autrui.

Fable 14
LES OBSÈQUES DE LA LIONNE

Jean-Baptiste Oudry (1686-1755), *Les Obsèques de la Lionne*. Coll. Hachette Livre.

FABLE 14 • LES OBSÈQUES DE LA LIONNE

La femme du Lion mourut :
    Aussitôt chacun accourut
    Pour s'acquitter envers le Prince
De certains compliments de consolation,
5   Qui sont surcroît[1] d'affliction.
    Il fit avertir sa Province
    Que les obsèques se feraient
Un tel jour, en tel lieu ; ses Prévôts[2] y seraient
    Pour régler la cérémonie,
10   Et pour placer la compagnie.
    Jugez si chacun s'y trouva.
    Le Prince aux cris s'abandonna,
    Et tout son antre en résonna.
    Les Lions n'ont point d'autre temple.
15   On entendit à son exemple
Rugir en leurs patois Messieurs les Courtisans.
Je définis la cour un pays où les gens,
Tristes, gais, prêts à tout, à tout indifférents,
Sont ce qu'il plaît au Prince, ou s'ils ne peuvent l'être,
20   Tâchent au moins de le paraître,
Peuple caméléon, peuple singe du maître ;
On dirait qu'un esprit anime mille corps ;
C'est bien là que les gens sont de simples ressorts.
    Pour revenir à notre affaire
25 Le Cerf ne pleura point, comment eût-il pu faire ?
Cette mort le vengeait ; la Reine avait jadis
    Étranglé sa femme et son fils.
Bref il ne pleura point. Un flatteur l'alla dire,
    Et soutint qu'il l'avait vu rire.

ooo

---

1. Surcroît : supplément.
2. Prévôts : officiers en charge des cérémonies.

30   La colère du Roi, comme dit Salomon[1],
　　 Est terrible, et surtout celle du Roi Lion :
　　 Mais ce Cerf n'avait pas accoutumé de lire.
　　 Le Monarque lui dit : « Chétif hôte des bois
　　 Tu ris, tu ne suis pas ces gémissantes voix.
35   Nous n'appliquerons point sur tes membres profanes
　　　　　　 Nos sacrés ongles ; venez Loups,
　　　　　　 Vengez la Reine, immolez tous
　　　　　　 Ce traître à ses augustes mânes[2]. »
　　 Le Cerf reprit alors : « Sire, le temps de pleurs
40   Est passé ; la douleur est ici superflue.
　　 Votre digne moitié couchée entre des fleurs,
　　　　　　 Tout près d'ici m'est apparue ;
　　　　　　 Et je l'ai d'abord reconnue.
　　 « Ami, m'a-t-elle dit, garde que ce convoi,
45   « Quand je vais chez les Dieux, ne t'oblige à des larmes
　　 « Aux Champs Élysiens[3] j'ai goûté mille charmes,
　　 « Conversant avec ceux qui sont saints comme moi.
　　 « Laisse agir quelque temps le désespoir du Roi.
　　 « J'y prends plaisir. » À peine on eut ouï la chose,
50   Qu'on se mit à crier : « Miracle, apothéose. »
　　 Le Cerf eut un présent, bien loin d'être puni.
　　　　　　 Amusez les Rois par des songes,
　　 Flattez-les, payez-les d'agréables mensonges,
　　 Quelque indignation dont leur cœur soit rempli,
55   Ils goberont l'appât, vous serez leur ami.

---

1. **Salomon** : roi d'Israël, considéré comme un modèle de sagesse et auteur de l'un des recueils du livre biblique des Proverbes, auquel il est ici fait allusion : « Comme fait un rugissement de lion, ainsi la peur qu'inspire le roi » (Proverbes, 20, 2).
2. **Augustes mânes** : âmes des morts, considérées comme des divinités.
3. **Champs Élysiens** : partie des Enfers où les morts dont la vie a été vertueuse mènent une existence heureuse, dans la mythologie gréco-romaine.

« Les Obsèques de la Lionne » | Un roi cruel et naïf

1. Quelle est la structure de cette fable ?

Cette longue fable comporte **sept mouvements**.
- Une **scène d'exposition** (v. 1-10) : le décès de la reine et l'organisation de ses funérailles.
- Une **description des réactions des courtisans** (v. 11-16) : tous pleurent, à l'image du roi, et feignent d'être désespérés.
- Une **intervention directe du fabuliste** (v. 17-23), qui est une terrible satire des courtisans.
- La **mise en accusation du Cerf** qui, lui, ne pleure pas (v. 24-38), ce qui conduit le roi à prononcer un verdict de mort contre lui.
- Le **plaidoyer *pro domo* du Cerf** (v. 39-49) : la reine lui est apparue, lui donnant l'ordre de ne pas pleurer.
- Le **revirement des courtisans** (v. 49-51) : chacun crie au « miracle », et tous disent que c'est une « apothéose[1] ». Le Cerf est récompensé.
- **Nouvelle intervention du fabuliste** (v. 52-55), qui est une mise en cause des rois.

2. En quoi consiste la virulence de la satire ?

- **Virulence sur le fond** : les courtisans sont sans personnalité ni pensée propre. C'est un « peuple caméléon ».
- **Virulence de la forme** : le fabuliste intervient personnellement deux fois, ce qui est exceptionnel.
- **Virulence en raison de la cible finale**. Les courtisans sont moins responsables que leur maître, prêt à « gober » toutes les flatteries.

3. En quoi cette fable reste-t-elle, malgré son sujet, une comédie ?

- La cérémonie du deuil est un **théâtre d'apparences** : le roi feint la douleur et, « à son exemple » (v. 15), tous s'abandonnent au désespoir.
- La reine **prend « plaisir »** au désespoir du roi et le revirement des courtisans est aussi soudain qu'imprévu.
- Le fabuliste fait preuve d'un certain **humour** (v. 16, 23).

---

1. Apothéose : au sens strict et premier, c'est l'élévation d'un mortel (un héros ou un empereur romain) au rang d'un dieu. Par extension, c'est la glorification d'une personne ou un moment sublime.

Fable 15
LE RAT ET L'ÉLÉPHANT

Se croire un personnage est fort commun[1] en France.
    On y fait l'homme d'importance,
    Et l'on n'est souvent qu'un Bourgeois :
    C'est proprement le mal françois.
La sotte vanité nous est particulière.
Les Espagnols sont vains, mais d'une autre manière.
    Leur orgueil me semble en un mot
    Beaucoup plus fou, mais pas si sot.
    Donnons quelque image du nôtre,
    Qui sans doute en vaut bien un autre.
Un Rat des plus petits voyait un Éléphant
Des plus gros, et raillait le marcher un peu lent
    De la bête de haut parage[2],
    Qui marchait à gros équipage.
    Sur l'animal à triple étage
    Une Sultane de renom,
    Son Chien, son Chat, et sa Guenon,
Son Perroquet, sa vieille[3], et toute sa maison,
    S'en allait en pèlerinage.
    Le Rat s'étonnait que les gens
Fussent touchés de voir cette pesante masse :
« Comme si d'occuper ou plus ou moins de place,
Nous rendait, disait-il, plus ou moins importants.
Mais qu'admirez-vous tant en lui vous autres hommes ?
Serait-ce ce grand corps, qui fait peur aux enfants ?

---

1. Fort commun : fort courant.

2. De haut parage : de haute naissance.

3. Sa vieille : sa dame d'honneur.

Nous ne nous prisons pas[1], tout petits que nous sommes,
   D'un grain[2] moins que les Éléphants. »
   Il en aurait dit davantage ;
   Mais le Chat sortant de sa cage,
30   Lui fit voir en moins d'un instant
   Qu'un Rat n'est pas un Éléphant.

Fable 16

L'HOROSCOPE

   On rencontre sa destinée
Souvent par des chemins qu'on prend pour l'éviter.
   Un père eut pour toute lignée[3]
Un fils qu'il aima trop, jusques à consulter
5   Sur le sort de sa géniture[4]
   Les diseurs de bonne aventure.
Un de ces gens lui dit, que des Lions surtout
Il éloignât l'enfant jusques à certain âge :
   Jusqu'à vingt ans, point davantage.
10   Le père, pour venir à bout
D'une précaution sur qui roulait la vie
De celui qu'il aimait, défendit que jamais
On lui laissât passer le seuil de son Palais.
Il pouvait sans sortir contenter son envie,
15 Avec ses compagnons tout le jour badiner[5],

ooo

---

1. Nous ne nous prisons pas : nous ne nous estimons pas (verbe *priser*).

2. Grain : le plus petit poids dont on se sert pour peser les pierres précieuses.

3. Lignée : descendance.

4. Géniture : progéniture, enfant.

5. Badiner : s'amuser.

>   Sauter, courir, se promener.
>   Quand il fut en l'âge où la chasse
>   Plaît le plus aux jeunes esprits,
>   Cet exercice avec mépris
> 20   Lui fut dépeint : mais, quoi qu'on fasse,
>   Propos, conseil, enseignement,
>   Rien ne change un tempérament.
>   Le jeune homme inquiet, ardent, plein de courage,
>   À peine se sentit des bouillons[1] d'un tel âge,
> 25   Qu'il soupira pour ce plaisir.
>   Plus l'obstacle était grand, plus fort fut le désir.
>   Il savait le sujet des fatales défenses ;
>   Et comme ce logis plein de magnificences[2]
>   Abondait partout en tableaux,
> 30   Et que la laine[3] et les pinceaux
>   Traçaient de tous côtés chasses et paysages,
>   En cet endroit des animaux,
>   En cet autre des personnages,
>   Le jeune homme s'émut, voyant peint un Lion.
> 35 « Ah ! monstre, cria-t-il, c'est toi qui me fais vivre
>   Dans l'ombre et dans les fers[4]. » À ces mots, il se livre
>   Aux transports violents de l'indignation,
>   Porte le poing sur l'innocente bête.
>   Sous la tapisserie un clou se rencontra.
> 40   Ce clou le blesse ; il pénétra
>   Jusqu'aux ressorts de l'âme ; et cette chère tête
>   Pour qui l'art d'Esculape[5] en vain fit ce qu'il put,

---

1. Bouillons : désirs ardents.

2. Magnificences : meubles et objets somptueux.

3. La laine : les tapisseries.

4. Dans les fers : métaphore traditionnelle pour désigner une prison.

5. Esculape : nom romain du dieu de la médecine.

Dut sa perte à ces soins qu'on prit pour son salut.
Même précaution nuisit au Poète Eschyle[1].
45   Quelque Devin le menaça, dit-on,
    De la chute d'une maison.
    Aussitôt il quitta la ville,
Mit son lit en plein champ, loin des toits, sous les Cieux.
Un Aigle, qui portait en l'air une Tortue,
50 Passa par là, vit l'homme, et sur sa tête nue,
    Qui parut un morceau de rocher à ses yeux,
    Étant de cheveux dépourvue,
Laissa tomber sa proie, afin de la casser :
Le pauvre Eschyle ainsi sut ses jours avancer.
55   De ces exemples il résulte
Que cet art, s'il est vrai, fait tomber dans les maux
    Que craint celui qui le consulte ;
Mais je l'en justifie[2], et maintiens qu'il est faux.
    Je ne crois point que la nature
60 Se soit lié les mains, et nous les lie encor,
Jusqu'au point de marquer dans les Cieux notre sort.
    Il dépend d'une conjoncture
    De lieux, de personnes, de temps ;
Non des conjonctions[3] de tous ces charlatans.
65 Ce Berger et ce Roi sont sous même Planète ;
L'un d'eux porte le sceptre et l'autre la houlette[4] :
    Jupiter le voulait ainsi.
Qu'est-ce que Jupiter[5] ? un corps sans connaissance.

ooo

---

1. Eschyle : dramaturge grec (525-456 avant notre ère), considéré comme le créateur de la tragédie.

2. Je l'en justifie : je l'en excuse.

3. Conjonctions : assemblage de plusieurs circonstances.

4. Houlette : bâton de berger.

5. Jupiter : la planète du même nom.

D'où vient donc que son influence
70 Agit différemment sur ces deux hommes-ci ?
Puis comment pénétrer jusques à notre monde ?
Comment percer des airs la campagne profonde ?
Percer Mars, le Soleil, et des vides sans fin ?
Un atome la[1] peut détourner en chemin :
75 Où l'iront retrouver les faiseurs d'Horoscope ?
　　　L'état[2] où nous voyons l'Europe
Mérite que du moins quelqu'un d'eux[3] l'ait prévu ;
Que ne l'a-t-il donc dit ? mais nul d'eux ne l'a su.
L'immense éloignement, le point, et sa vitesse,
80　　　Celle aussi de nos passions,
　　　Permettent-ils à leur faiblesse
De suivre pas à pas toutes nos actions ?
Notre sort en dépend : sa course entresuivie,
Ne va, non plus que nous, jamais d'un même pas ;
85　　　Et ces gens veulent au compas,
　　　Tracer le cours de notre vie !
　　　Il ne se faut point arrêter
Aux deux faits ambigus que je viens de conter.
Ce fils par trop chéri ni le bonhomme Eschyle
90 N'y font rien. Tout aveugle et menteur qu'est cet art,
Il peut frapper au but une fois entre mille ;
　　　Ce sont des effets du hasard.

---

1. La : l'influence (pronom personnel, COD du verbe « détourner »).

2. L'état : la situation, les conflits (que les astrologues n'ont pas prévus).

3. Quelqu'un d'eux : l'un des astrologues.

Fable 17

L'ÂNE ET LE CHIEN

Il se faut entraider, c'est la loi de nature :
    L'Âne un jour pourtant s'en moqua :
    Et ne sais comme il y manqua ;
    Car il est bonne créature.
5 Il allait par pays accompagné du Chien,
    Gravement, sans songer à rien,
    Tous deux suivis d'un commun maître.
Ce maître s'endormit ; l'Âne se mit à paître :
    Il était alors dans un pré,
10   Dont l'herbe était fort à son gré.
Point de chardons pourtant ; il s'en passa pour l'heure[1] :
Il ne faut pas toujours être si délicat ;
    Et faute de servir ce plat
    Rarement un festin demeure.
15   Notre Baudet s'en sut enfin
Passer pour cette fois. Le Chien mourant de faim
Lui dit : « Cher compagnon, baisse-toi, je te prie ;
Je prendrai mon dîné[2] dans le panier au pain. »
Point de réponse, mot[3] ; le Roussin d'Arcadie[4]
20   Craignit qu'en perdant un moment,
    Il ne perdît un coup de dent.
    Il fit longtemps la sourde oreille :

ooo

---

1. Pour l'heure : pour l'instant.

2. Dîné : dîner (à l'époque le déjeuner).

3. Mot : pas un mot.

4. Le Roussin d'Arcadie : formule burlesque. Le roussin est un cheval et l'Arcadie, une région de Grèce qui ne produisait que des ânes. Le « Roussin d'Arcadie » n'existe donc pas.

>   Enfin il répondit : « Ami, je te conseille
>   D'attendre que ton maître ait fini son sommeil ;
> 25 Car il te donnera sans faute à son réveil,
>   Ta portion accoutumée.
>   Il ne saurait tarder beaucoup. »
>   Sur ces entrefaites un Loup
>   Sort du bois, et s'en vient ; autre bête affamée.
> 30 L'Âne appelle aussitôt le Chien à son secours.
>   Le Chien ne bouge, et dit : « Ami, je te conseille
>   De fuir en attendant que ton maître s'éveille :
>   Il ne saurait tarder ; détale vite, et cours.
>   Que si ce Loup t'atteint, casse-lui la mâchoire.
> 35 On t'a ferré[1] de neuf ; et si tu me veux croire,
>   Tu l'étendras tout plat. » Pendant ce beau discours,
>   Seigneur Loup étrangla le Baudet sans remède.
>   Je conclus qu'il faut qu'on s'entraide.

Fable 18
LE BASSA[2] ET LE MARCHAND

>   Un Marchand Grec en certaine contrée
>   Faisait trafic[3]. Un Bassa l'appuyait[4] ;
>   De quoi le Grec en Bassa le payait,
>   Non en Marchand : tant c'est chère denrée
> 5   Qu'un protecteur. Celui-ci coûtait tant,
>   Que notre Grec s'allait partout plaignant.

---

1. Ferré : mis des fers aux sabots de l'âne.
2. Bassa : gouverneur de province en Turquie.
3. Trafic : commerce.
4. L'appuyait : le soutenait.

FABLE 18 • LE BASSA ET LE MARCHAND

Trois autres Turcs d'un rang moindre en puissance
Lui vont offrir leur support[1] en commun.
Eux trois voulaient moins de reconnaissance
10   Qu'à ce Marchand il n'en coûtait pour un.
Le Grec écoute : avec eux il s'engage ;
Et le Bassa du tout est averti :
Même on lui dit qu'il jouera, s'il est sage,
À ces gens-là quelque méchant parti,
15   Les prévenant[2], les chargeant d'un message
Pour Mahomet, droit en son paradis,
Et sans tarder : sinon ces gens unis
Le préviendront, bien certains qu'à la ronde,
Il a des gens tout prêts pour le venger.
20   Quelque poison l'enverra protéger
Les trafiquants qui sont en l'autre monde.
Sur cet avis le Turc se comporta
Comme Alexandre[3] ; et plein de confiance
Chez le Marchand tout droit il s'en alla ;
25   Se mit à table : on vit tant d'assurance
En ses discours et dans tout son maintien,
Qu'on ne crut point qu'il se doutât de rien[4].
« Ami, dit-il, je sais que tu me quittes ;
Même l'on veut que j'en craigne les suites ;
30   Mais je te crois un trop homme de bien :
Tu n'as point l'air d'un donneur de breuvage.
Je n'en dis pas là-dessus davantage.
Quant à ces gens qui pensent t'appuyer,

ooo

---

1. Support : aide, protection.
2. Prévenant : prenant les devants.
3. Alexandre le Grand but sans hésiter la potion que son médecin lui avait préparée, bien que celui-ci fût accusé par certains de vouloir l'empoisonner.
4. Qu'il se doutât de rien : qu'il se doutât de quelque chose.

> Écoute-moi. Sans tant de Dialogue,
> 35 Et de raisons qui pourraient t'ennuyer,
> Je ne te veux conter qu'un Apologue.
> Il était un Berger, son Chien, et son troupeau.
> Quelqu'un lui demanda ce qu'il prétendait faire
> D'un Dogue de qui l'ordinaire[1]
> 40 Était un pain entier. Il fallait bien et beau
> Donner cet animal au Seigneur du village.
> Lui Berger pour plus de ménage[2]
> Aurait deux ou trois mâtineaux[3],
> Qui lui dépensant moins veilleraient aux troupeaux,
> 45 Bien mieux que cette bête seule.
> Il mangeait plus que trois : mais on ne disait pas
> Qu'il avait aussi triple gueule
> Quand les Loups livraient des combats.
> Le Berger s'en défait : il prend trois chiens de taille
> 50 À lui dépenser moins, mais à fuir la bataille.
> Le troupeau s'en sentit, et tu te sentiras
> Du choix de semblable canaille[4].
> Si tu fais bien, tu reviendras à moi. »
> Le Grec le crut. Ceci montre aux Provinces
> 55 Que, tout compté, mieux vaut en bonne foi
> S'abandonner à quelque puissant Roi,
> Que s'appuyer de[5] plusieurs petits Princes.

---

1. L'ordinaire : le repas habituel.
2. Pour plus de ménage : pour plus d'épargne, à moindres frais.
3. Mâtineaux : petits chiens de garde.
4. Canaille : bande de chiens (du mot latin *canis*, « chien »).
5. S'appuyer de : s'appuyer sur.

Fable 19
L'AVANTAGE DE LA SCIENCE

    Entre deux Bourgeois d'une Ville
    S'émut jadis un différend[1].
    L'un était pauvre, mais habile,
    L'autre riche, mais ignorant.
5   Celui-ci sur son concurrent
      Voulait emporter l'avantage :
      Prétendait que tout homme sage
      Était tenu de l'honorer.
C'était tout homme sot ; car pourquoi révérer
10   Des biens dépourvus de mérite ?
      La raison m'en semble petite.
    « Mon ami, disait-il souvent
        Au savant,
    Vous vous croyez considérable ;
15   Mais dites-moi, tenez-vous table ?
Que sert à vos pareils de lire incessamment ?
Ils sont toujours logés à la troisième chambre[2],
Vêtus au mois de Juin comme au mois de Décembre,
Ayant pour tout Laquais leur ombre seulement.
20   La République a bien affaire
      De gens qui ne dépensent rien :
      Je ne sais d'homme nécessaire
Que celui dont le luxe épand beaucoup de bien.
Nous en usons, Dieu sait : notre plaisir occupe
25 L'Artisan, le vendeur, celui qui fait la jupe,

ooo

---

1. S'émut : s'éleva ; différend : querelle.
2. Troisième chambre : mansarde.

Et celle qui la porte, et vous, qui dédiez
    À Messieurs les gens de Finance
    De méchants livres bien payés. »
  Ces mots remplis d'impertinence
30   Eurent le sort qu'ils méritaient.
L'homme lettré se tut, il avait trop à dire.
La guerre le vengea bien mieux qu'une satire.
Mars[1] détruisit le lieu que nos gens habitaient.
    L'un et l'autre quitta sa Ville :
35   L'ignorant resta sans asile ;
    Il reçut partout des mépris :
L'autre reçut partout quelque faveur nouvelle.
    Cela décida leur querelle.
Laissez dire les sots ; le savoir a son prix.

Fable 20

JUPITER ET LES TONNERRES

Jupiter voyant nos fautes,
Dit un jour du haut des airs :
« Remplissons de nouveaux hôtes
Les cantons de l'Univers
5   Habités par cette race
Qui m'importune et me lasse.
Va-t'en, Mercure[2], aux Enfers :
Amène-moi la Furie[3]

---

1. Mars : dieu de la guerre chez les Romains.

2. Mercure : messager de Jupiter et dieu du commerce, des voyageurs et des voleurs chez les Romains.

3. Furie : divinité romaine de la vengeance ; les Furies étaient au nombre de trois : Tisiphone, Mégère et Alecto.

FABLE 20 • JUPITER ET LES TONNERRES

La plus cruelle des trois.
10 Race que j'ai trop chérie,
Tu périras cette fois. »
Jupiter ne tarda guère
À modérer son transport[1].
Ô vous Rois qu'il voulut faire
15 Arbitres de notre sort,
Laissez entre la colère
Et l'orage qui la suit
L'intervalle d'une nuit.
Le Dieu dont l'aile est légère,
20 Et la langue a des douceurs,
Alla voir les noires Sœurs.
À Tisiphone et Mégère
Il préféra, ce dit-on,
L'impitoyable Alecton.
25 Ce choix la rendit si fière,
Qu'elle jura par Pluton
Que toute l'engeance humaine
Serait bientôt du domaine
Des Déités de là-bas.
30 Jupiter n'approuva pas
Le serment de l'Euménide[2].
Il la renvoie, et pourtant
Il lance un foudre à l'instant
Sur certain peuple perfide.
35 Le tonnerre, ayant pour guide
Le père même de ceux
Qu'il menaçait de ses feux,

ooo

---
1. Transport : accès de colère.
2. L'Euménide : nom grec de la Furie.

>   Se contenta de leur crainte ;
>   Il n'embrasa que l'enceinte
> 40 D'un désert inhabité.
>   Tout père frappe à côté.
>   Qu'arriva-t-il ? notre engeance[1]
>   Prit pied sur cette indulgence.
>   Tout l'Olympe s'en plaignit :
> 45 Et l'assembleur de nuages[2]
>   Jura le Styx[3], et promit
>   De former d'autres orages ;
>   Ils seraient sûrs. On sourit :
>   On lui dit qu'il était père,
> 50 Et qu'il laissât pour le mieux
>   À quelqu'un des autres Dieux
>   D'autres tonnerres à faire.
>   Vulcan[4] entreprit l'affaire.
>   Ce Dieu remplit ses fourneaux
> 55 De deux sortes de carreaux[5].
>   L'un jamais ne se fourvoie,
>   Et c'est celui que toujours
>   L'Olympe[6] en corps nous envoie.
>   L'autre s'écarte en son cours ;
> 60 Ce n'est qu'aux monts qu'il en coûte :
>   Bien souvent même il se perd,
>   Et ce dernier en sa route
>   Nous vient du seul Jupiter.

---

1. Engeance : race.
2. L'assembleur des nuages : Jupiter.
3. Jura le Styx : jurer sur le Styx, serment le plus terrible qui fût pour les dieux, le Styx étant l'un des fleuves des Enfers.
4. Vulcan (Vulcain) : dieu forgeron et maître du feu chez les Romains.
5. Carreaux : flèches.
6. Olympe : séjour traditionnel des dieux.

Fable 21

LE FAUCON ET LE CHAPON[1]

Une traîtresse voix bien souvent vous appelle ;
    Ne vous pressez donc nullement :
Ce n'était pas un sot, non, non, et croyez-m'en,
    Que le Chien de Jean de Nivelle[2].
Un citoyen du Mans, Chapon de son métier
    Était sommé de comparaître
    Par-devant les lares[3] du maître,
Au pied d'un tribunal que nous nommons foyer.
Tous les gens lui criaient pour déguiser la chose,
« Petit, petit, petit » : mais loin de s'y fier,
Le Normand et demi[4] laissait les gens crier :
« Serviteur, disait-il, votre appât est grossier ;
    On ne m'y tient pas ; et pour cause. »
Cependant un Faucon sur sa perche voyait
    Notre Manceau qui s'enfuyait.
Les Chapons ont en nous fort peu de confiance,
    Soit instinct, soit expérience.
Celui-ci qui ne fut qu'avec peine attrapé,
Devait le lendemain être d'un grand soupé,
Fort à l'aise, en un plat, honneur dont la volaille
    Se serait passée aisément.
L'Oiseau chasseur lui dit : « Ton peu d'entendement

ooo

---

1. Chapon : jeune coq châtré que l'on engraisse pour la table.
2. Chien de Jean Nivelle : formule populaire s'appliquant à un chien qui s'enfuit dès qu'on l'appelle.
3. Lares : dieux domestiques chez les Romains.
4. Le Normand et demi : les Manceaux passaient en effet pour être encore plus méfiants que les Normands.

Me rend tout étonné : vous n'êtes que racaille,
Gens grossiers, sans esprit, à qui l'on n'apprend rien.
25 Pour moi, je sais chasser, et revenir au maître.
　　　Le vois-tu pas à la fenêtre ?
Il t'attend, es-tu sourd ? – Je n'entends que trop bien,
Repartit le Chapon : mais que me veut-il dire,
Et ce beau Cuisinier armé d'un grand couteau ?
30 　　　Reviendrais-tu pour cet appeau[1] :
　　　Laisse-moi fuir, cesse de rire
De l'indocilité qui me fait envoler,
Lorsque d'un ton si doux on s'en vient m'appeler.
　　　Si tu voyais mettre à la broche
35 　　　Tous les jours autant de Faucons
　　　Que j'y vois mettre de Chapons,
Tu ne me ferais pas un semblable reproche. »

Jean-Jacques Granville (1803-1847), *Le Faucon et le Chapon*. Ph © Duvallon/Leemage.

1. Appeau : oiseau dressé à appeler les autres oiseaux et à les attirer dans un filet.

Fable 22

LE CHAT ET LE RAT

Quatre animaux divers, le Chat grippe-fromage,
Triste-oiseau le Hibou, Rongemaille le Rat,
    Dame Belette au long corsage,
    Toutes gens d'esprit scélérat,
5 Hantaient le tronc pourri d'un pin vieux et sauvage.
Tant y furent qu'un soir à l'entour de ce pin
L'homme tendit ses rets[1]. Le Chat de grand matin
    Sort pour aller chercher sa proie.
Les derniers traits de l'ombre empêchent qu'il ne voie
10 Le filet ; il y tombe, en danger de mourir :
Et mon Chat de crier, et le Rat d'accourir,
L'un plein de désespoir, et l'autre plein de joie.
Il voyait dans les lacs[2] son mortel ennemi.
    Le pauvre Chat dit : « Cher ami,
15   Les marques de ta bienveillance
    Sont communes en mon endroit :
Viens m'aider à sortir du piège où l'ignorance
    M'a fait tomber. C'est à bon droit
Que seul entre les tiens par amour singulière[3]
20 Je t'ai toujours choyé, t'aimant comme mes yeux.
Je n'en ai point regret, et j'en rends grâce aux Dieux.
    J'allais leur faire ma prière ;
Comme tout dévot Chat en use les matins.
Ce réseau me retient ; ma vie est en tes mains :

ooo

---

1. Rets : filets.

2. Lacs : piège.

3. Amour : le mot est alors féminin, même au singulier, alors que de nos jours il ne l'est qu'au pluriel.

25 Viens dissoudre¹ ces nœuds. — Et quelle récompense
　　　　En aurai-je ? reprit le Rat.
　　　　— Je jure éternelle alliance
　　　　Avec toi, repartit le Chat.
　　Dispose de ma griffe, et sois en assurance :
30 Envers et contre tous je te protégerai,
　　　　Et la Belette mangerai
　　　　Avec l'époux de la Chouette.
　　Ils t'en veulent tous deux. » Le Rat dit : « Idiot !
　　Moi ton libérateur ? Je ne suis pas si sot. »
35 　　　　Puis il s'en va vers sa retraite.
　　　　La Belette était près du trou.
　　Le Rat grimpe plus haut ; il y voit le Hibou :
　　Dangers de toutes parts ; le plus pressant l'emporte.
　　Rongemaille retourne au Chat, et fait en sorte
40 Qu'il détache un chaînon, puis un autre, et puis tant
　　　　Qu'il dégage enfin l'hypocrite.
　　　　L'homme paraît en cet instant.
　　Les nouveaux alliés prennent tous deux la fuite.
　　À quelque temps de là, notre Chat vit de loin
45 Son Rat qui se tenait à l'erte² et sur ses gardes.
　　« Ah ! mon frère, dit-il, viens m'embrasser ; ton soin³
　　　　Me fait injure ; tu regardes
　　　　Comme ennemi ton allié.
　　　　Penses-tu que j'aie oublié
50 　　　　Qu'après Dieu je te dois la vie ?
　　— Et moi, reprit le Rat, penses-tu que j'oublie
　　　　Ton naturel ? aucun traité
　　Peut-il forcer un Chat à la reconnaissance ?
　　　　S'assure-t-on sur l'alliance
55 　　　　Qu'a faite la nécessité ? »

---

1. Dissoudre : dénouer.

2. À l'erte : faisant le guet.

3. Ton soin : tes précautions.

Fable 23
LE TORRENT ET LA RIVIÈRE

      Avec grand bruit et grand fracas
        Un Torrent tombait des montagnes :
Tout fuyait devant lui ; l'horreur suivait ses pas ;
        Il faisait trembler les campagnes.
5   Nul voyageur n'osait passer
        Une barrière si puissante :
Un seul vit des voleurs, et se sentant presser,
Il mit entre eux et lui cette onde menaçante.
Ce n'était que menace, et bruit, sans profondeur ;
10   Notre homme enfin n'eut que la peur.
        Ce succès lui donnant courage,
Et les mêmes voleurs le poursuivant toujours,
        Il rencontra sur son passage
        Une Rivière dont le cours
15   Image d'un sommeil doux, paisible et tranquille
Lui fit croire d'abord ce trajet fort facile.
Point de bords escarpés, un sable pur et net.
        Il entre, et son cheval le met
À couvert des voleurs, mais non de l'onde noire :
20   Tous deux au Styx[1] allèrent boire ;
        Tous deux, à nager malheureux,
Allèrent traverser, au séjour ténébreux,
        Bien d'autres fleuves que les nôtres.
        Les gens sans bruit sont dangereux ;
25   Il n'en est pas ainsi des autres.

---

1. Styx : l'un des fleuves des Enfers.

Fable 24

L'ÉDUCATION

Laridon et César, frères dont l'origine
Venait de chiens fameux[1], beaux, bien faits et hardis,
À deux maîtres divers échus au temps jadis,
Hantaient l'un les forêts, et l'autre la cuisine.
5 Ils avaient eu d'abord chacun un autre nom :
      Mais la diverse nourriture[2]
Fortifiant en l'un cette heureuse nature,
En l'autre l'altérant, un certain marmiton
      Nomma celui-ci Laridon :
10 Son frère, ayant couru mainte haute aventure,
Mis maint Cerf aux abois, maint Sanglier abattu,
Fut le premier César que la gent[3] chienne ait eu.
On eut soin d'empêcher qu'une indigne maîtresse
Ne fît en ses enfants dégénérer son sang :
15 Laridon négligé témoignait sa tendresse
      À l'objet le premier passant.
      Il peupla tout de son engeance :
Tournebroches[4] par lui rendus communs en France
Y font un corps à part, gens fuyant les hasards,
20   Peuple antipode des Césars.
On ne suit pas toujours ses aïeux ni son père :
Le peu de soin, le temps, tout fait qu'on dégénère :
Faute de cultiver la nature et ses dons,
Ô combien de Césars deviendront Laridons !

---

1. Fameux : réputés.

2. Nourriture : éducation.

3. Gent : race.

4. Tournebroches : nom donné à des chiens faisant tourner une roue qui actionnait une broche.

Fable 25
LES DEUX CHIENS ET L'ÂNE MORT

        Les vertus devraient être sœurs,
         Ainsi que les vices sont frères :
Dès que l'un de ceux-ci s'empare de nos cœurs,
Tous viennent à la file ; il ne s'en manque guères ;
5   J'entends de ceux qui n'étant pas contraires
        Peuvent loger sous même toit.
À l'égard des vertus, rarement on les voit
Toutes en un sujet éminemment placées,
Se tenir par la main sans être dispersées.
10 L'un est vaillant, mais prompt ; l'autre est prudent, mais froid
Parmi les animaux le Chien se pique d'être
        Soigneux et fidèle à son maître ;
        Mais il est sot, il est gourmand :
Témoin ces deux mâtins[1] qui dans l'éloignement[2]
15 Virent un Âne mort qui flottait sur les ondes.
Le vent de plus en plus l'éloignait de nos Chiens.
« Ami, dit l'un, tes yeux sont meilleurs que les miens.
Porte un peu tes regards sur ces plaines profondes[3].
J'y crois voir quelque chose. Est-ce un Bœuf, un Cheval ?
20   – Hé qu'importe quel animal ?
Dit l'un de ces mâtins ; voilà toujours curée.
Le point est de l'avoir ; car le trajet est grand ;
Et de plus il nous faut nager contre le vent.
Buvons toute cette eau ; notre gorge altérée

                        ooo

---

1. Mâtins : gros chiens de garde.

2. Dans l'éloignement : au loin.

3. Plaines profondes : la mer.

25 En viendra bien à bout : ce corps demeurera
        Bientôt à sec, et ce sera
        Provision pour la semaine. »
    Voilà mes Chiens à boire ; ils perdirent l'haleine,
        Et puis la vie ; ils firent tant
30   Qu'on les vit crever à l'instant.
    L'homme est ainsi bâti : quand un sujet l'enflamme
    L'impossibilité disparaît à son âme.
    Combien fait-il de vœux, combien perd-il de pas ?
    S'outrant[1] pour acquérir des biens ou de la gloire ?
35   Si j'arrondissais mes états !
    Si je pouvais remplir mes coffres de ducats[2] !
    Si j'apprenais l'hébreu, les sciences, l'histoire !
        Tout cela, c'est la mer à boire ;
        Mais rien à l'homme ne suffit :
40 Pour fournir aux projets que forme un seul esprit
    Il faudrait quatre corps ; encor[3] loin d'y suffire
    À mi-chemin je crois que tous demeureraient :
    Quatre Mathusalems[4] bout à bout ne pourraient
        Mettre à fin ce qu'un seul désire.

---

1. S'outrant : se démenant à l'extrême.

2. Ducats : louis d'or.

3. Encor : encore (licence poétique).

4. Mathusalem : personnage biblique, père de Noé, dont la Genèse (Bible) dit qu'il aurait vécu 969 ans.

Fable 26
DÉMOCRITE[1] ET LES ABDÉRITAINS[2]

Que j'ai toujours haï les pensers[3] du vulgaire[4] !
Qu'il me semble profane, injuste, et téméraire ;
Mettant de faux milieux[5] entre la chose et lui,
Et mesurant par soi ce qu'il voit en autrui !
5 Le maître d'Épicure[6] en fit l'apprentissage.
Son pays le crut fou : petits esprits ! mais quoi ?
    Aucun n'est prophète chez soi.
Ces gens étaient les fous, Démocrite le sage.
L'erreur alla si loin qu'Abdère députa[7]
10   Vers Hippocrate[8], et l'invita,
    Par lettres et par ambassade,
À venir rétablir la raison du malade.
« Notre concitoyen, disaient-ils en pleurant,
Perd l'esprit ; la lecture a gâté Démocrite.
15 Nous l'estimerions plus s'il était ignorant.
Aucun nombre, dit-il, les mondes ne limite :
    Peut-être même ils sont remplis

ooo

---

1. Démocrite : philosophe grec (vers 460-vers 370 avant notre ère) matérialiste, qui excluait toute intervention divine dans la formation de l'univers.

2. Abdéritains : habitants d'*Abdère*, colonie grecque de la côte de Thrace, sur la mer Égée.

3. Pensers : pensées.

4. Du vulgaire : de la foule.

5. Faux milieux : terme de physique s'appliquant à des corps opaques.

6. Le maître d'Épicure : Démocrite, à qui Épicure (vers 360-vers 270 avant notre ère), philosophe matérialiste lui aussi, emprunta sa théorie atomiste de l'univers.

7. Députa : envoya quelqu'un chargé d'un ordre de mission.

8. Hippocrate : célèbre médecin grec, contemporain de Démocrite.

De Démocrites infinis.
Non content de ce songe, il y joint les atomes,
20 Enfants d'un cerveau creux, invisibles fantômes ;
Et, mesurant les Cieux sans bouger d'ici-bas,
Il connaît l'Univers et ne se connaît pas.
Un temps fut qu'il savait accorder les débats[1] ;
Maintenant il parle à lui-même.
25 Venez, divin mortel ; sa folie est extrême. »
Hippocrate n'eut pas trop de foi[2] pour ces gens :
Cependant il partit : et voyez, je vous prie,
Quelles rencontres dans la vie
Le sort cause ; Hippocrate arriva dans le temps
30 Que celui qu'on disait n'avoir raison ni sens
Cherchait dans l'homme et dans la bête
Quel siège a la raison[3], soit le cœur, soit la tête.
Sous un ombrage épais, assis près d'un ruisseau[4],
Les labyrinthes d'un cerveau[5]
35 L'occupaient. Il avait à ses pieds maint volume[6],
Et ne vit presque pas son ami s'avancer,
Attaché[7] selon sa coutume.
Leur compliment fut court, ainsi qu'on peut penser
Le sage est ménager du temps et des paroles.
40 Ayant donc mis à part les entretiens frivoles,
Et beaucoup raisonné sur l'homme et sur l'esprit,
Ils tombèrent sur la morale.
Il n'est pas besoin que j'étale

---

1. Accorder les débats : apaiser les différends et querelles.

2. Foi : confiance.

3. Quel siège a la raison : où loge la raison.

4. Tout ce vers est en apposition au complément d'objet direct « L' » (v. 35).

5. Les labyrinthes d'un cerveau : les circonvolutions cérébrales.

6. Maint volume : de nombreux livres.

7. Attaché selon la coutume : absorbé comme à son ordinaire.

Tout ce que l'un et l'autre dit.
45 Le récit précédent suffit
Pour montrer que le peuple est juge récusable.
En quel sens est donc véritable
Ce que j'ai lu dans certain lieu,
Que sa voix est la voix de Dieu ?

Fable 27
LE LOUP ET LE CHASSEUR

Fureur d'accumuler, monstre de qui les yeux
Regardent comme un point[1] tous les bienfaits des Dieux,
Te combattrai-je en vain sans cesse en cet ouvrage ?
Quel temps demandes-tu pour suivre mes leçons ?
5 L'homme, sourd à ma voix comme à celle du sage,
Ne dira-t-il jamais : « C'est assez, jouissons » ?
Hâte-toi, mon ami ; tu n'as pas tant à vivre.
Je te rebats ce mot[2] ; car il vaut tout un livre.
Jouis. – Je le ferai. – Mais quand donc ? – Dès demain.
10 – Eh ! mon ami, la mort te peut prendre en chemin.
Jouis dès aujourd'hui : redoute un sort semblable
À celui du Chasseur et du Loup de ma fable.
Le premier, de son arc, avait mis bas[3] un daim.
Un Faon de Biche passe, et le voilà soudain
15 Compagnon du défunt ; tous deux gisent sur l'herbe.
La proie était honnête[4] ; un Daim avec un Faon,

ooo

---

1. Comme un point : comme peu de chose.

2. Je te rebats ce mot : je te redis tout le temps ce mot.

3. Avait mis bas : avait tué.

4. La proie était honnête : le butin était satisfaisant.

LIVRE HUITIÈME

Jean-Baptiste Oudry (1686-1755), *Le Loup et le Chasseur*. Coll. Hachette Livre.

FABLE 27 • LE LOUP ET LE CHASSEUR

Tout modeste Chasseur en eût été content :
Cependant un Sanglier, monstre énorme et superbe,
Tente encor[1] notre archer, friand de tels morceaux.
20 Autre habitant du Styx[2] : la Parque et ses ciseaux[3]
Avec peine y mordaient ; la Déesse infernale
Reprit à plusieurs fois l'heure au monstre fatale.
De la force du coup pourtant il s'abattit.
C'était assez de biens ; mais quoi, rien ne remplit
25 Les vastes appétits d'un faiseur de conquêtes.
Dans le temps que le Porc revient à soi, l'archer
Voit le long d'un sillon une perdrix marcher,
    Surcroît chétif aux autres têtes.
De son arc toutefois il bande les ressorts.
30 Le sanglier, rappelant les restes de sa vie,
Vient à lui, le découd[4], meurt vengé sur son corps :
    Et la perdrix le remercie.
Cette part du récit s'adresse au convoiteux :
L'avare aura pour lui le reste de l'exemple.
35 Un Loup vit, en passant, ce spectacle piteux[5].
« Ô fortune, dit-il, je te promets un temple.
Quatre corps étendus ! que de biens ! mais pourtant
Il faut les ménager[6], ces rencontres sont rares.
    (Ainsi s'excusent les avares.)
40 J'en aurai, dit le Loup, pour un mois, pour autant.
Un, deux, trois, quatre corps, ce sont quatre semaines,

ooo

---

1. Encor : encore (licence poétique).

2. Styx : nom d'un des fleuves des Enfers.

3. La Parque et ses ciseaux : Atropos, la troisième Parque, qui coupait le fil de la vie que ses sœurs Clotho et Lachésis avaient tissé et dévidé.

4. Le découd : lui déchire le ventre.

5. Piteux : pitoyable.

6. Il faut les ménager : il faut en prendre soin (ne pas tout manger d'un coup).

        Si je sais compter, toutes pleines.
Commençons dans deux jours ; et mangeons cependant
La corde de cet arc ; il faut que l'on l'ait faite
45   De vrai boyau ; l'odeur me le témoigne assez. »
        En disant ces mots, il se jette
Sur l'arc qui se détend, et fait de la sagette[1]
Un nouveau mort, mon Loup a les boyaux percés.
Je reviens à mon texte : il faut que l'on jouisse ;
50   Témoin ces deux gloutons punis d'un sort commun ;
        La convoitise perdit l'un ;
        L'autre périt par l'avarice.

---

1. Sagette : flèche.

LIVRE NEUVIÈME

Fable 1

LE DÉPOSITAIRE INFIDÈLE

    Grâce aux Filles de Mémoire[1],
    J'ai chanté des animaux :
    Peut-être d'autres Héros
    M'auraient acquis moins de gloire.
5   Le Loup en langue des Dieux[2]
    Parle au Chien dans mes ouvrages.
    Les Bêtes à qui mieux mieux
    Y font divers personnages ;
    Les uns fous, les autres sages ;
10 De telle sorte pourtant
    Que les fous vont l'emportant ;
    La mesure en est plus pleine.
    Je mets aussi sur la Scène
    Des Trompeurs, des Scélérats,
15 Des Tyrans, et des Ingrats,
    Mainte imprudente pécore,
    Force Sots force Flatteurs ;
    Je pourrais y joindre encore
    Des légions de menteurs.
20 Tout homme ment, dit le Sage[3].
    S'il n'y mettait seulement
    Que les gens du bas étage[4],

ooo

---

1. Filles de Mémoire : les neuf Muses, toutes filles de Mnémosyne, déesse de la Mémoire.

2. En langue des Dieux : en vers.

3. Le Sage : le roi David à qui la Bible attribue le livre des Psaumes, dans l'un desquels on peut lire : « Tous les hommes sont des menteurs » (Psaumes, CXVI).

4. Les gens du bas étage : le menu peuple.

>   On pourrait aucunement[1]
>   Souffrir ce défaut aux hommes ;
> 25   Mais que tous tant que nous sommes
>   Nous mentions, grand et petit,
>   Si quelque autre l'avait dit,
>   Je soutiendrais le contraire.
>   Et même qui mentirait
> 30   Comme Ésope, et comme Homère[2],
>   Un vrai menteur ne serait.
>   Le doux charme de maint songe
>   Par leur bel art inventé,
>   Sous les habits du mensonge[3]
> 35   Nous offre la vérité.
>   L'un et l'autre a fait un livre
>   Que je tiens digne de vivre
>   Sans fin, et plus, s'il se peut :
>   Comme eux ne ment pas qui veut.
> 40   Mais mentir comme sut faire
>   Un certain Dépositaire
>   Payé par son propre mot,
>   Est d'un méchant, et d'un sot.
>   Voici le fait. Un trafiquant[4] de Perse
> 45 Chez son voisin, s'en allant en commerce,
>   Mit en dépôt un cent[5] de fer un jour.
>   « Mon fer, dit-il, quand il fut de retour.
>   — Votre fer ? il n'est plus : j'ai regret de vous dire
>   Qu'un Rat l'a mangé tout entier.

---

1. Aucunement : en quelque façon.

2. Homère : poète grec du IXe siècle avant notre ère, à qui l'on attribue les deux grandes épopées que sont l'*Iliade* et l'*Odyssée*.

3. Mensonge : fiction.

4. Trafiquant : commerçant.

5. Cent : cent livres.

50 J'en ai grondé mes gens : mais qu'y faire ? Un Grenier
A toujours quelque trou. » Le trafiquant admire
Un tel prodige, et feint de le croire pourtant.
Au bout de quelques jours, il détourne l'enfant
Du perfide voisin ; puis à souper convie
55 Le père qui s'excuse, et lui dit en pleurant :
　　　« Dispensez-moi, je vous supplie :
　　　Tous plaisirs pour moi sont perdus.
　　　J'aimais un fils plus que ma vie ;
Je n'ai que lui ; que dis-je ? hélas ! je ne l'ai plus.
60 On me l'a dérobé. Plaignez mon infortune. »
Le Marchand repartit : « Hier au soir sur la brune[1]
Un Chat-huant[2] s'en vint votre fils enlever.
Vers un vieux bâtiment je le lui vis porter. »
Le père dit : « Comment voulez-vous que je croie
65 Qu'un Hibou pût jamais emporter cette proie ?
Mon fils en un besoin[3] eût pris le Chat-huant.
— Je ne vous dirai point, reprit l'autre, comment,
Mais enfin je l'ai vu, vu de mes yeux vous dis-je,
　　　Et ne vois rien qui vous oblige
70 D'en douter un moment après ce que je dis.
　　　Faut-il que vous trouviez étrange
　　　Que les Chats-huants d'un pays
Où le quintal de fer par un seul Rat se mange,
Enlèvent un garçon pesant un demi-cent ? »
75 L'autre vit où tendait cette feinte aventure.
　　　Il rendit le fer au Marchand

　　　　　　　　　　　　　　　　ooo

---

1. Sur la brune : à la tombée de la nuit.

2. Chat-huant : rapace nocturne, qui possède deux touffes de plumes faisant songer à des oreilles de chat.

3. En un besoin : si nécessaire, au besoin.

Qui lui rendit sa géniture[1].
Même dispute advint entre deux voyageurs.
L'un d'eux était de ces conteurs
80 Qui n'ont jamais rien vu qu'avec un microscope.
Tout est Géant chez eux : écoutez-les, l'Europe,
Comme l'Afrique aura des monstres à foison.
Celui-ci se croyait l'hyperbole[2] permise.
« J'ai vu, dit-il, un chou plus grand qu'une maison.
85 — Et moi, dit l'autre, un pot aussi grand qu'une Église. »
Le premier se moquant, l'autre reprit : « Tout doux ;
On le fit pour cuire vos choux. »
L'homme au pot fut plaisant ; l'homme au fer fut habile.
Quand l'absurde est outré, l'on lui fait trop d'honneur
90 De vouloir par raison combattre son erreur ;
Enchérir est plus court, sans s'échauffer la bile.

Fable 2

LES DEUX PIGEONS

Deux Pigeons s'aimaient d'amour tendre :
L'un d'eux s'ennuyant au logis
Fut assez fou pour entreprendre
Un voyage en lointain pays.
5 L'autre lui dit : « Qu'allez-vous faire ?
Voulez-vous quitter votre frère ?
L'absence est le plus grand des maux :
Non pas pour vous, cruel : au moins que les travaux,

---

1. Sa géniture : sa progéniture, son enfant.
2. Hyperbole : figure de style désignant une exagération.

FABLE 2 • LES DEUX PIGEONS

       Les dangers, les soins[1] du voyage,
10   Changent un peu votre courage.
Encor si la saison s'avançait davantage !
Attendez les zéphyrs[2] : qui vous presse ? un Corbeau
Tout à l'heure annonçait malheur à quelque oiseau.
Je ne songerai plus que rencontre funeste,
15 Que Faucons, que réseaux[3]. « Hélas, dirai-je, il pleut :
    « Mon frère a-t-il tout ce qu'il veut,
    « Bon soupé, bon gîte, et le reste ? »
    Ce discours ébranla le cœur
    De notre imprudent voyageur ;
20 Mais le désir de voir[4] et l'humeur inquiète
L'emportèrent enfin. Il dit : « Ne pleurez point :
Trois jours au plus rendront mon âme satisfaite ;

ooo

Gustave Doré (1832-1883), *Les Deux Pigeons*. Coll. Archives Hatier.

---

1. Soins : soucis.
2. Zéphyrs : vents doux qui soufflent au printemps.
3. Réseaux : filets.
4. Voir : voyager.

>   Je reviendrai dans peu conter de point en point
>   Mes aventures à mon frère.
> 25   Je le désennuierai ; quiconque ne voit guère
>   N'a guère à dire aussi. Mon voyage dépeint
>   Vous sera d'un plaisir extrême.
>   Je dirai : "J'étais là ; telle chose m'advint",
>   Vous y croirez être vous-même. »
> 30   À ces mots en pleurant ils se dirent adieu.
>   Le voyageur s'éloigne ; et voilà qu'un nuage
>   L'oblige de chercher retraite en quelque lieu.
>   Un seul arbre s'offrit, tel encor[1] que l'orage
>   Maltraita le Pigeon en dépit du feuillage.
> 35   L'air devenu serein il part tout morfondu[2],
>   Sèche du mieux qu'il peut son corps chargé de pluie,
>   Dans un champ à l'écart voit du blé répandu,
>   Voit un Pigeon auprès, cela lui donne envie :
>   Il y vole, il est pris ; ce blé couvrait d'un lacs[3]
> 40   Les menteurs et traîtres appas.
>   Le lacs était usé ; si bien que de son aile,
>   De ses pieds, de son bec, l'oiseau le rompt enfin ;
>   Quelque plume y périt ; et le pis du destin
>   Fut qu'un certain Vautour à la serre cruelle
> 45   Vit notre malheureux qui, traînant la ficelle
>   Et les morceaux du lacs qui l'avait attrapé,
>   Semblait un forçat échappé.
>   Le Vautour s'en allait le lier, quand des nues[4]
>   Fond à son tour un Aigle aux ailes étendues.
> 50   Le Pigeon profita du conflit des voleurs,

---

1. Encor : encore (licence poétique).

2. Morfondu : transi de froid.

3. Lacs : piège.

4. Des nues : du ciel.

S'envola, s'abattit auprès d'une masure,
      Crut, pour ce coup, que ses malheurs
      Finiraient par cette aventure :
Mais un fripon d'enfant, cet âge est sans pitié,
55 Prit sa fronde, et du coup tua plus d'à moitié
      La volatile malheureuse,
    Qui maudissant sa curiosité,
      Traînant l'aile, et tirant le pied,
      Demi-morte et demi-boiteuse,
60   Droit au logis s'en retourna.
      Que bien que mal[1] elle arriva
      Sans autre aventure fâcheuse.
Voilà nos gens rejoints ; et je laisse à juger
De combien de plaisirs ils payèrent leurs peines.
65 Amants, heureux amants, voulez-vous voyager ?
      Que ce soit aux rives prochaines ;
Soyez-vous l'un à l'autre un monde toujours beau,
      Toujours divers, toujours nouveau ;
Tenez-vous lieu de tout, comptez pour rien le reste ;
70 J'ai quelquefois aimé ; je n'aurais pas alors,
      Contre le Louvre et ses trésors,
    Contre le firmament et sa voûte céleste,
      Changé les bois, changé les lieux
Honorés par les pas, éclairés par les yeux
75   De l'aimable et jeune bergère,
      Pour qui sous le fils de Cythère[2]
Je servis, engagé par mes premiers serments.
Hélas ! quand reviendront de semblables moments ?

ooo

---

1. Que bien que mal : tant bien que mal.

2. Le fils de Cythère : Éros, dieu de l'amour, Cythère étant l'île grecque d'Aphrodite (Vénus chez les Romains), la déesse de l'amour.

Faut-il que tant d'objets si doux et si charmants
80 Me laissent vivre au gré de mon âme inquiète?
Ah si mon cœur osait encor se renflammer!
Ne sentirai-je plus de charme qui m'arrête?
      Ai-je passé le temps d'aimer?

Fable 3
LE SINGE ET LE LÉOPARD

    Le Singe avec le Léopard
    Gagnaient de l'argent à la foire:
    Ils affichaient[1] chacun à part.
L'un d'eux disait: « Messieurs, mon mérite et ma gloire
5 Sont connus en bon lieu; le Roi m'a voulu voir;
    Et si je meurs il veut avoir
Un manchon[2] de ma peau; tant elle est bigarrée,
    Pleine de taches, marquetée,
    Et vergetée[3], et mouchetée. »
10 La bigarrure plaît; partant chacun le vit.
Mais ce fut bientôt fait, bientôt chacun sortit.
Le Singe de sa part[4] disait: « Venez de grâce,
Venez Messieurs; je fais cent tours de passe-passe.
Cette diversité dont on vous parle tant,
15 Mon voisin Léopard l'a sur soi seulement;
Moi, je l'ai dans l'esprit: votre serviteur Gille[5],
    Cousin et gendre de Bertrand,

---

1. Ils affichaient: ils tenaient l'affiche.
2. Manchon: fourreau cylindrique où l'on met ses mains pour les protéger du froid.
3. Vergetée: rayée de différentes couleurs.
4. De sa part: de son côté.
5. Gille: nom d'un saltimbanque du théâtre de foire.

>   Singe du Pape[1] en son vivant,
>   Tout fraîchement en cette ville
> 20 Arrive en trois bateaux[2], exprès pour vous parler ;
>   Car il parle, on l'entend, il sait danser, baller[3],
>   Faire des tours de toute sorte,
>   Passer en des cerceaux ; et le tout pour six blancs[4] :
>   Non Messieurs, pour un sou ; si vous n'êtes contents
> 25 Nous rendrons à chacun son argent à la porte. »
>   Le Singe avait raison ; ce n'est pas sur l'habit
>   Que la diversité me plaît, c'est dans l'esprit :
>   L'une fournit toujours des choses agréables ;
>   L'autre en moins d'un moment lasse les regardants.
> 30 Ô que de grands Seigneurs, au Léopard semblables,
>   N'ont que l'habit pour tous talents !

Fable 4

LE GLAND ET LA CITROUILLE

> Dieu fait bien ce qu'il fait. Sans en chercher la preuve
> En tout cet Univers, et l'aller parcourant,
>   Dans les Citrouilles je la treuve[5].
>   Un villageois, considérant
> 5 Combien ce fruit est gros, et sa tige menue,
>   « À quoi songeait, dit-il, l'Auteur de tout cela ?

ooo

---

1. Allusion au singe du pape Jules II (1443-1513).

2. Arriver en trois bateaux : expression signifiant « se donner de l'importance ».

3. Baller : danser.

4. Six blancs : ancienne monnaie valant cinq deniers (approximativement deux sous et demi).

5. Je la treuve : je la trouve.

Il a bien mal placé cette Citrouille-là :
>   Hé parbleu, je l'aurais pendue
>   À l'un des chênes que voilà.
10 C'eût été justement l'affaire[1] ;
>   Tel fruit, tel arbre, pour bien faire.
C'est dommage, Garo[2], que tu n'es point entré
Au conseil de celui[3] que prêche ton Curé ;
Tout en eût été mieux ; car pourquoi par exemple
15 Le Gland, qui n'est pas gros comme mon petit doigt,
>   Ne pend-il pas en cet endroit ?
>   Dieu s'est mépris ; plus je contemple
Ces fruits ainsi placés, plus il semble à Garo
>   Que l'on a fait un quiproquo[4]. »
20 Cette réflexion embarrassant notre homme :
« On ne dort point, dit-il, quand on a tant d'esprit. »
Sous un chêne aussitôt il va prendre son somme.
Un gland tombe ; le nez du dormeur en pâtit.
Il s'éveille ; et portant la main sur son visage,
25 Il trouve encor[5] le Gland pris au poil du menton.
Son nez meurtri le force à changer de langage ;
« Oh, oh, dit-il, je saigne ! et que serait-ce donc
S'il fût tombé de l'arbre une masse plus lourde,
>   Et que ce Gland eût été gourde[6] ?
30 Dieu ne l'a pas voulu : sans doute il eut raison ;
>   J'en vois bien à présent la cause. »
>   En louant Dieu de toute chose,
>   Garo retourne à la maison.

---

1. C'eût été justement l'affaire : cela aurait parfaitement convenu.

2. Garo : nom traditionnel de paysan. Garo se parle à lui-même depuis le début.

3. Celui : Dieu.

4. Quiproquo : malentendu comique.

5. Encor : encore (licence poétique).

6. Gourde : courge.

Fable 5

L'ÉCOLIER,
LE PÉDANT, ET LE MAÎTRE D'UN JARDIN

Certain enfant qui sentait son Collège,
Doublement sot, et doublement fripon,
Par le jeune âge, et par le privilège
Qu'ont les Pédants[1] de gâter la raison,
5   Chez un voisin dérobait, ce dit-on,
Et fleurs et fruits. Ce voisin, en Automne,
Des plus beaux dons que nous offre Pomone[2]
Avait la fleur[3], les autres le rebut.
Chaque saison apportait son tribut :
10 Car au Printemps il jouissait encore
Des plus beaux dons que nous présente Flore[4].
Un jour dans son jardin il vit notre Écolier,
Qui grimpant sans égard sur un arbre fruitier,
Gâtait[5] jusqu'aux boutons, douce et frêle espérance,
15 Avant-coureurs des biens que promet l'abondance.
Même il ébranchait l'arbre, et fit tant à la fin
      Que le possesseur du jardin
Envoya faire plainte au maître de la Classe.
Celui-ci vint suivi d'un cortège d'enfants.
20   Voilà le verger plein de gens
Pires que le premier. Le Pédant de sa grâce[6]

ooo

---

1. Pédants : professeurs.
2. Pomone : divinité romaine des fruits.
3. Avait la fleur : avait ce qu'il y a de meilleur.
4. Flore : déesse romaine des fleurs.
5. Gâtait : abîmait.
6. De sa grâce : de lui-même.

                Accrut le mal en amenant
                Cette jeunesse mal instruite¹ :
        Le tout, à ce qu'il dit, pour faire un châtiment
25   Qui pût servir d'exemple; et dont toute sa suite
        Se souvînt à jamais comme d'une leçon.
        Là-dessus il cita Virgile et Cicéron²,
                Avec force traits de science.
        Son discours dura tant que la maudite engeance
30   Eut le temps de gâter en cent lieux le jardin.
                Je hais les pièces d'éloquence³
                Hors de leur place, et qui n'ont point de fin;
                Et ne sais bête au monde pire
                Que l'Écolier, si ce n'est le Pédant.
35   Le meilleur de ces deux pour voisin, à vrai dire,
                Ne me plairait aucunement.

Fable 6

LE STATUAIRE⁴
ET LA STATUE DE JUPITER

        Un bloc de marbre était si beau
        Qu'un Statuaire en fit l'emplette⁵.
        « Qu'en fera, dit-il, mon ciseau⁶?
        Sera-t-il Dieu, table ou cuvette?

---

1. Mal instruite: grossière.
2. Virgile (70-19 avant notre ère): poète latin, auteur de l'*Énéide* et des *Géorgiques*; **Cicéron** (106-43 avant notre ère): homme politique et auteur latin.
3. Les pièces d'éloquence: les longs discours.
4. Le statuaire: le sculpteur.
5. L'emplette: l'achat.
6. Ciseau: outil servant à travailler la pierre (ou le bois).

5 Il sera Dieu : même je veux
Qu'il ait en sa main un tonnerre.
Tremblez humains ; faites des vœux ;
Voilà le maître de la terre. »

L'artisan exprima si bien
10 Le caractère de l'Idole[1],
Qu'on trouva qu'il ne manquait rien
À Jupiter que la parole.

Même l'on dit que l'ouvrier
Eut à peine achevé l'image,
15 Qu'on le vit frémir le premier,
Et redouter son propre ouvrage.

À la faiblesse du Sculpteur
Le Poète autrefois n'en dut guère[2],
Des Dieux dont il fut l'inventeur
20 Craignant la haine et la colère.

Il était enfant en ceci :
Les enfants n'ont l'âme occupée
Que du continuel souci
Qu'on ne fâche point leur poupée.

25 Le cœur suit aisément l'esprit :
De cette source est descendue
L'erreur païenne qui se vit
Chez tant de peuples répandue.

ooo

---

1. Idole : image, représentation.
2. N'en dut guère : ne le céda guère en faiblesse au sculpteur.

Ils embrassaient violemment
30 Les intérêts de leur chimère[1].
Pygmalion[2] devint amant
De la Vénus dont il fut père.

Chacun tourne en réalités,
Autant qu'il peut, ses propres songes :
35 L'homme est de glace aux vérités ;
Il est de feu pour les mensonges.

Fable 7

LA SOURIS MÉTAMORPHOSÉE
EN FILLE

Une Souris tomba du bec d'un Chat-huant[3] :
Je ne l'eusse pas ramassée ;
Mais un Bramin[4] le fit ; je le crois aisément ;
Chaque pays a sa pensée.
5 La Souris était fort froissée :
De cette sorte de prochain
Nous nous soucions peu : mais le peuple Bramin
Le traite en frère ; ils ont en tête
Que notre âme au sortir d'un Roi
10 Entre dans un ciron[5], ou dans telle autre bête

---

1. Chimère : imagination.

2. Pygmalion : sculpteur légendaire de l'île de Chypre, tombé amoureux de la statue de Galatée qu'il avait sculptée et à laquelle la déesse Aphrodite (Vénus) donna vie.

3. Chat-huant : rapace nocturne dont les touffes de plumes font songer à des oreilles de chat.

4. Un Bramin : un prêtre hindou.

5. Ciron : animal minuscule.

Qu'il plaît au sort ; c'est là l'un des points de leur loi[1].
Pythagore[2] chez eux a puisé ce mystère.
Sur un tel fondement le Bramin crut bien faire
De prier un Sorcier qu'il logeât la Souris
15 Dans un corps qu'elle eût eu pour hôte au temps jadis.
    Le sorcier en fit une fille
De l'âge de quinze ans, et telle, et si gentille,
Que le fils de Priam[3] pour elle aurait tenté
Plus encor qu'il ne fit pour la grecque beauté[4].
20 Le Bramin fut surpris de chose si nouvelle.
    Il dit à cet objet[5] si doux :
« Vous n'avez qu'à choisir ; car chacun est jaloux
    De l'honneur d'être votre époux.
    — En ce cas je donne, dit-elle,
25   Ma voix au plus puissant de tous.
— Soleil, s'écria lors le Bramin à genoux,
    C'est toi qui seras notre gendre.
    — Non, dit-il, ce nuage épais
Est plus puissant que moi, puisqu'il cache mes traits ;
30   Je vous conseille de le prendre.
— Eh bien, dit le Bramin au nuage volant,
Es-tu né pour ma fille ? — Hélas non ; car le vent
Me chasse à son plaisir de contrée en contrée ;

ooo

---

1. C'est la théorie de la métempsycose (réincarnation d'une âme dans un animal, un végétal, un autre homme).

2. Pythagore : mathématicien grec du VIIe siècle avant notre ère.

3. Le fils de Priam : le Troyen Pâris qui enleva Hélène, l'épouse du roi grec Ménélas, et déclencha ainsi la guerre de Troie.

4. La grecque beauté : Hélène, l'épouse du roi Ménélas.

5. Objet : la fille (le mot n'a alors aucun sens péjoratif, il appartient au vocabulaire amoureux de la préciosité).

Je n'entreprendrai point sur les droits de Borée[1]. »
        Le Bramin fâché s'écria :
« Ô vent, donc, puisque vent y a,
Viens dans les bras de notre belle. »
Il accourait : un mont en chemin l'arrêta.
        L'éteuf[2] passant à celui-là,
Il le renvoie et dit : « J'aurais une querelle
        Avec le Rat, et l'offenser
Ce serait être fou, lui qui peut me percer. »
        Au mot de Rat la Demoiselle
        Ouvrit l'oreille ; il fut l'époux :
        Un Rat ! un Rat ; c'est de ces coups
        Qu'amour fait, témoin telle et telle :
        Mais ceci soit dit entre nous.
On tient toujours du lieu dont on vient : cette Fable
Prouve assez bien ce point : mais à la voir de près
Quelque peu de sophisme[3] entre parmi ses traits[4] :
Car quel époux n'est point au Soleil préférable
En s'y prenant ainsi ? dirai-je qu'un géant
Est moins fort qu'une puce ? Elle le mord pourtant.
Le Rat devait aussi renvoyer pour bien faire
        La belle au chat, le chat au chien,
        Le chien au loup. Par le moyen
        De cet argument circulaire[5]
Pilpay[6] jusqu'au Soleil eût enfin remonté ;
Le Soleil eût joui de la jeune beauté.

---

1. Borée : dieu du vent du Nord.
2. Éteuf : petite balle pour le jeu de paume.
3. Sophisme : raisonnement apparemment logique mais en réalité faux.
4. Traits : tournures de pensées, idées.
5. Argument circulaire : qui forme un cercle vicieux.
6. Pilpay : brahmane (prêtre). L'un de ses livres avait été traduit en français en 1644 sous le titre de *Livre des Lumières ou la Conduite des Rois* (→ texte 4, p. 183).

60 Revenons s'il se peut à la métempsycose :
Le Sorcier du Bramin fit sans doute une chose
Qui loin de la prouver fait voir sa fausseté.
Je prends droit là-dessus[1] contre le Bramin même ;
　　Car il faut selon son système
65 Que l'homme, la souris, le ver, enfin chacun
Aille puiser son âme en un trésor commun :
　　　Toutes sont donc de même trempe[2] ;
　　　Mais agissant diversement
　　　Selon l'organe[3] seulement
70 　　　L'une s'élève, et l'autre rampe.
D'où vient donc que ce corps si bien organisé
　　Ne put obliger son hôtesse
De s'unir au Soleil ? Un Rat eut sa tendresse.
　　Tout débattu, tout bien pesé,
75 Les âmes des Souris et les âmes des belles
　　Sont très différentes entre elles.
Il en faut revenir toujours à son destin,
C'est-à-dire, à la loi par le Ciel établie.
　　Parlez au diable, employez la magie,
80 Vous ne détournerez nul être de sa fin.

---

1. Je prends droit là-dessus : je maintiens ce point.
2. Trempe : qualité.
3. L'organe : l'organisme.

Fable 8

LE FOU QUI VEND LA SAGESSE

Jamais auprès des fous ne te mets à portée.
Je ne te puis donner un plus sage conseil.
     Il n'est enseignement pareil
À celui-là de fuir une tête éventée.
5   On en voit souvent dans les cours.
Le Prince y prend plaisir; car ils donnent toujours
Quelque trait[1] aux fripons, aux sots, aux ridicules.
Un Fol allait criant par tous les carrefours
Qu'il vendait la Sagesse; et les mortels crédules
10 De courir à l'achat, chacun fut diligent[2].
     On essuyait force grimaces;
     Puis on avait pour son argent
Avec un bon soufflet un fil long de deux brasses[3].
La plupart s'en fâchaient; mais que leur servait-il?
15 C'étaient les plus moqués; le mieux était de rire,
     Ou de s'en aller sans rien dire
     Avec son soufflet et son fil.
     De chercher du sens à la chose,
On se fût fait siffler ainsi qu'un ignorant.
20   La raison est-elle garant
De ce que fait un fou? Le hasard est la cause
De tout ce qui se passe en un cerveau blessé.
Du fil et du soufflet pourtant embarrassé,
Un des dupes un jour alla trouver un sage,
25   Qui sans hésiter davantage

---

1. Quelque trait: quelque raillerie, quelque occasion de se moquer.

2. Diligent: empressé.

3. Deux brasses: mesure de longueur de *bras* étendus.

Lui dit : « Ce sont ici hiéroglyphes¹ tout purs.
Les gens bien conseillés, et qui voudront bien faire,
Entre eux et les gens fous mettront pour l'ordinaire
La longueur de ce fil ; sinon je les tiens sûrs
30   De quelque semblable caresse.
Vous n'êtes point trompé ; ce fou vend la Sagesse. »

Fable 9

L'HUÎTRE ET LES PLAIDEURS²

Un jour deux Pèlerins sur le sable rencontrent
Une Huître que le flot y venait d'apporter :
Ils l'avalent des yeux, du doigt ils se la montrent ;
À l'égard de la dent il fallut contester.
5 L'un se baissait déjà pour amasser³ la proie ;
L'autre le pousse, et dit : « Il est bon de savoir
     Qui de nous en aura la joie.
Celui qui le premier a pu l'apercevoir
En sera le gobeur⁴ ; l'autre le verra faire.
10   — Si par là l'on juge l'affaire,
Reprit son compagnon, j'ai l'œil bon, Dieu merci.
     — Je ne l'ai pas mauvais aussi,
Dit l'autre, et je l'ai vue avant vous sur ma vie.
— Eh bien ! vous l'avez vue, et moi je l'ai sentie. »
15   Pendant tout ce bel incident,

ooo

---
1. Hiéroglyphes : ici, symboles, sans référence à l'écriture égyptienne.

2. Plaideurs : chicaneurs.

3. Amasser : ramasser ce qui est à terre.

4. Le gobeur : celui qui gobera l'Huître, l'avalera.

Perrin Dandin[1] arrive : ils le prennent pour juge.
Perrin fort gravement ouvre l'Huître, et la gruge[2],
 Nos deux Messieurs le regardant.
Ce repas fait, il dit d'un ton de Président :
20 « Tenez, la Cour vous donne à chacun une écaille
Sans dépens[3], et qu'en paix chacun chez soi s'en aille. »
Mettez ce qu'il en coûte à plaider aujourd'hui ;
Comptez ce qu'il en reste à beaucoup de familles ;
Vous verrez que Perrin tire l'argent à lui,
25 Et ne laisse aux plaideurs que le sac et les quilles[4].

---

1. Perrin Dandin : nom d'un personnage de Rabelais, qui, dans *Le Tiers Livre* (1546), joue les arbitres à son avantage. Nom également d'un personnage de Racine dans sa comédie des *Plaideurs* (1668).

2. La gruge : la mange. Jeu de mots, *gruger* signifiant à la fois « manger beaucoup » et pour un avocat « manger le bien de son client ».

3. Sans dépens : sans frais de justice.

4. Quilles : affaires. Le mot est passé en proverbe : « Rendre à quelqu'un son sac et ses quilles », c'est-à-dire lui donner congé et le chasser.

« L'Huître et les Plaideurs » | # Une fable satirique

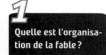
Quelle est l'organisation de la fable ?

La fable présente **quatre mouvements**.
• Une **exposition** (v. 1-4) : deux « pèlerins » trouvent une huître sur le bord de la mer.
• Un **débat** (v. 5-14) s'élève pour savoir qui des deux aura la « joie » (v. 7) de la gober, débat qui ne tranche pas la question.
• Le **recours à un juge** qui rend son verdict (v. 15-21). Perrin mange l'huître et en donne équitablement à chacun une « écaille » (v. 20).
• La **morale de la fable** (v. 22-25), qui est une violente satire de la justice.

Quel portrait La Fontaine dresse-t-il des deux « pèlerins » ?

• Ce sont des **gourmands** : ils « avalent » l'huître des « yeux » sitôt qu'ils l'aperçoivent (v. 3).
• Ce sont des **chicaneurs**, habitués à contester. Tout les oppose : dans le balancement « l'un/l'autre » (v. 5-6) ; « le premier/l'autre » (v. 8-9). Chacun d'eux cherche à pousser son avantage, parfois jusqu'au ridicule : « vous l'avez vue, et moi je l'ai sentie » (v. 14) – ce qui est invérifiable.
• Ce sont des **sots** : sots de ne pas se mettre d'accord entre eux, de débattre pour si peu de chose, de s'en remettre au verdict de Perrin Dandin.

Comment fonctionne la satire de la justice ?

• Elle s'attaque à une **cible unique** : la **cupidité des juges**, qui ne songent qu'à s'enrichir : « Mettez ce qu'il en coûte à plaider aujourd'hui » (v. 22).
• Elle procède par une **extension** et une **généralisation** : Perrin devient le représentant de tous les juges. Aucune exception.
• Elle fait appel au témoignage et à l'expérience du lecteur : « Mettez/Comptez/Vous verrez » (v. 22, 23, 24). La satire devient une démonstration implacable.

DÉFINITION CLÉ

Qu'est-ce qu'une satire ?

Quand une satire attaque ou tourne en ridicule une personne nommément désignée, on parle de *satire ad hominem* (du latin : qui vise un homme, quelqu'un) ; quand elle s'en prend aux travers d'un groupe social, on parle de *satire de mœurs* ; quand elle dénonce un dysfonctionnement de la société, on parle de *satire sociale*.

Fable 10

LE LOUP ET LE CHIEN MAIGRE

        Autrefois Carpillon[1] fretin
        Eut beau prêcher, il eut beau dire;
        On le mit dans la poêle à frire.
Je fis voir que lâcher ce qu'on a dans la main
          Sous espoir de grosse aventure,
          Est imprudence toute pure[2].
Le Pêcheur eut raison; Carpillon n'eut pas tort.
Chacun dit ce qu'il peut pour défendre sa vie.
        Maintenant il faut que j'appuie
Ce que j'avançai lors[3] de quelque trait encor.
Certain Loup, aussi sot que le pêcheur fut sage,
        Trouvant un Chien hors du village,
S'en allait l'emporter; le Chien représenta
Sa maigreur. «Jà[4]! Ne plaise à votre seigneurie
        De me prendre en cet état-là;
        Attendez, mon maître marie
        Sa fille unique: et vous jugez
Qu'étant de noce, il faut, malgré moi que j'engraisse.»
        Le Loup le croit, le Loup le laisse;
        Le Loup quelques jours écoulés
Revient voir si son Chien n'est point meilleur à prendre.
        Mais le drôle était au logis.
        Il dit au Loup par un treillis[5]:

---

1. Carpillon: petit de la carpe.

2. Allusion à une fable de La Fontaine, «Le Petit Poisson et le Pêcheur» (V, 11), figurant dans le recueil de 1668.

3. Lors: alors (en 1668).

4. Jà: déjà, si tôt.

5. Treillis: fenêtre grillagée.

« Ami, je vais sortir ; et, si tu veux attendre,
25   Le portier du logis et moi
     Nous serons tout à l'heure à toi. »
Ce portier du logis était un Chien énorme,
     Expédiant les Loups en forme[1].
Celui-ci s'en douta. « Serviteur[2] au portier »,
30 Dit-il ; et de courir. Il était fort agile ;
     Mais il n'était pas fort habile ;
Ce Loup ne savait pas encor[3] bien son métier.

Fable 11

RIEN DE TROP

Je ne vois point de créature
Se comporter modérément.
Il est certain tempérament[4]
Que le maître de la nature
5 Veut que l'on garde en tout. Le fait-on ? Nullement.
Soit en bien, soit en mal, cela n'arrive guère.
Le blé, riche présent de la blonde Cérès[5],
Trop touffu bien souvent épuise les guérets[6] :
En superfluités s'épandant d'ordinaire,
10   Et poussant trop abondamment,
     Il ôte à son fruit l'aliment.

ooo

---

1. Expédiant les Loups en forme : tuant les loups en bonne et due forme.

2. Serviteur : formule ironique pour décliner une proposition, une invitation.

3. Encor : encore (licence poétique).

4. Tempérament : modération.

5. Cérès : déesse romaine des moissons et de la fécondité de la terre.

6. Guérets : terres labourées mais non ensemencées (pour les laisser reposer).

LIVRE NEUVIÈME

Jean-Baptiste Oudry (1686-1755), *Rien de trop*. Coll. Hachette Livre.

L'arbre n'en fait pas moins ; tant le luxe[1] sait plaire.
Pour corriger le blé, Dieu permit aux moutons
De retrancher l'excès des prodigues moissons.
15   Tout au travers ils se jetèrent,
    Gâtèrent[2] tout, et tout broutèrent ;
    Tant que le Ciel permit aux Loups
D'en croquer quelques-uns ; ils les croquèrent tous.
S'ils ne le firent pas, du moins ils y tâchèrent :
20   Puis le Ciel permit aux humains
De punir ces derniers : les humains abusèrent
    À leur tour des ordres divins.
De tous les animaux l'homme a le plus de pente[3]
    À se porter dedans l'excès.
25   Il faudrait faire le procès
Aux petits comme aux grands. Il n'est âme vivante
Qui ne pèche en ceci. Rien de trop est un point[4]
Dont on parle sans cesse, et qu'on n'observe point.

---

1. Luxe : ici, surabondance.
2. Gâtèrent : abîmèrent.
3. A le plus de pente : a le plus tendance.
4. Point : sujet, thème.

Fable 12
LE CIERGE

C'est du séjour des Dieux que les Abeilles viennent.
Les premières, dit-on, s'en allèrent loger
    Au mont Hymette[1], et se gorger
Des trésors qu'en ce lieu les zéphyrs[2] entretiennent.
5   Quand on eut des palais[3] de ces filles du Ciel
Enlevé l'ambroisie[4] en leurs chambres[5] enclose :
    Ou, pour dire en français la chose,
    Après que les ruches sans miel
N'eurent plus que la Cire, on fit mainte bougie :
10   Maint Cierge aussi fut façonné.
Un d'eux voyant la terre en brique[6] au feu durcie
Vaincre l'effort des ans, il eut la même envie ;
Et nouvel Empédocle[7] aux flammes condamné
    Par sa propre et pure folie,
15 Il se lança dedans. Ce fut mal raisonné ;
Ce Cierge ne savait grain de Philosophie.
Tout en tout est divers : ôtez-vous de l'esprit
Qu'aucun être ait été composé sur le vôtre.
L'Empédocle de Cire au brasier se fondit :
20   Il n'était pas plus fou que l'autre.

---

1. Mont Hymette : montagne de l'Attique, au sud-est d'Athènes, réputée pour son miel.

2. Zéphyrs : vents doux du printemps.

3. Palais : ruches.

4. Ambroisie : nourriture des dieux, source d'immortalité ; par extension, mets délicieux (ici, le miel).

5. En leurs chambres : dans les alvéoles des ruches.

6. La brique est de l'argile durcie au four.

7. Empédocle (vers 490-vers 435 avant notre ère) : philosophe grec qui, selon la légende, se suicida en se jetant dans le volcan de l'Etna.

Fable 13

JUPITER ET LE PASSAGER

Ô combien le péril enrichirait les Dieux,
Si nous nous souvenions des vœux qu'il nous fait faire !
Mais le péril passé, l'on ne se souvient guère
    De ce qu'on a promis aux Cieux ;
5 On compte seulement ce qu'on doit à la terre.
Jupiter, dit l'impie, est un bon créancier[1] :
    Il ne se sert jamais d'Huissier.
    – Eh qu'est-ce donc que le tonnerre ?
Comment appelez-vous ces avertissements ?
10   Un Passager pendant l'orage
Avait voué[2] cent bœufs au vainqueur des Titans[3].
Il n'en avait pas un : vouer cent Éléphants
    N'aurait pas coûté davantage.
Il brûla quelques os quand il fut au rivage.
15 Au nez de Jupiter la fumée en monta.
« Sire Jupin[4], dit-il, prends mon vœu ; le voilà :
C'est un parfum de Bœuf que ta grandeur respire.
La fumée est ta part ; je ne te dois plus rien. »
    Jupiter fit semblant de rire ;
20 Mais après quelques jours le Dieu l'attrapa bien,
    Envoyant un songe lui dire
Qu'un tel trésor était en tel lieu : l'homme au vœu
    Courut au trésor comme au feu :

ooo

---

1. L'impie : le mécréant ; **créancier** : personne à qui est dû de l'argent.

2. Avait voué : avait fait vœu de donner.

3. Au vainqueur des Titans : à Jupiter, qui avait foudroyé les Titans (des géants) qui voulaient escalader l'Olympe.

4. Jupin : diminutif familier et burlesque de Jupiter.

Il trouva des voleurs, et n'ayant dans sa bourse
25   Qu'un écu pour toute ressource,
    Il leur promit cent talents[1] d'or,
    Bien comptés, et d'un tel trésor :
On l'avait enterré dedans telle Bourgade.
L'endroit parut suspect aux voleurs ; de façon
30 Qu'à notre prometteur l'un dit : « Mon camarade,
Tu te moques de nous, meurs, et va chez Pluton[2]
    Porter tes cent talents en don. »

Fable 14

LE CHAT ET LE RENARD

Le Chat et le Renard comme beaux petits saints,
    S'en allaient en pèlerinage.
C'étaient deux vrais Tartufs, deux archipatelins,
Deux francs Patte-pelus[3] qui, des frais du voyage,
5 Croquant mainte volaille, escroquant maint fromage,
    S'indemnisaient à qui mieux mieux.
Le chemin était long, et partant ennuyeux,
    Pour l'accourcir ils disputèrent[4].
    La dispute est d'un grand secours ;
10   Sans elle on dormirait toujours.

---

1. Talents : unité de poids variable selon les pays et les époques, de 20 à 27 kg. Cent talents d'or représentent donc une somme énorme.
2. Pluton : nom romain du dieu des Enfers.
3. Tartufs (tartuffes) : faux dévots, d'après la comédie de Molière, *Tartuffe* (1669) et son personnage principal du même nom ; **archipatelins** : très hypocrites (néologisme créé par La Fontaine en référence à la pièce du Moyen Âge, *La Farce de Maître Patelin*) ; **patte-pelus** : nouveau néologisme de La Fontaine, de même sens que le précédent.
4. Disputèrent : débattirent (sur un sujet ou un autre).

FABLE 14 • LE CHAT ET LE RENARD

Gustave Doré (1832-1883), *Le Chat et le Renard*. Coll. Archives Hatier.

Nos Pèlerins s'égosillèrent.
Ayant bien disputé, l'on parla du prochain.
   Le Renard au Chat dit enfin :
   « Tu prétends être fort habile :
15 En sais-tu tant que moi ? J'ai cent ruses au sac.
— Non, dit l'autre ; je n'ai qu'un tour dans mon bissac[1],
   Mais je soutiens qu'il en vaut mille. »
Eux de recommencer la dispute à l'envi[2].
Sur le que si, que non, tous deux étant ainsi,
20   Une meute apaisa la noise[3].
Le Chat dit au Renard : « Fouille en ton sac, ami :
   Cherche en ta cervelle matoise[4]
Un stratagème sûr : pour moi, voici le mien. »
À ces mots sur un arbre il grimpa bel et bien.
25   L'autre fit cent tours inutiles,
Entra dans cent terriers, mit cent fois en défaut
   Tous les confrères de Brifaut[5].
   Partout il tenta[6] des asiles ;
   Et ce fut partout sans succès ;
30 La fumée y pourvut ainsi que les bassets[7].
Au sortir d'un Terrier deux chiens aux pieds agiles
   L'étranglèrent du premier bond.
Le trop d'expédients peut gâter une affaire ;
On perd du temps au choix, on tente, on veut tout faire.
35   N'en ayons qu'un, mais qu'il soit bon.

---

1. Bissac : besace.

2. À l'envi : à qui mieux mieux.

3. Noise : querelle (voir l'expression *chercher noise à quelqu'un*).

4. Matoise : rusée.

5. Brifaut : nom du chien qui se comporte en chef de la meute.

6. Tenta : chercha.

7. La fumée : le terrier est enfumé pour faire sortir le renard ; **bassets** : chiens très bas sur pattes.

Fable 15
LE MARI, LA FEMME, ET LE VOLEUR

      Un Mari fort amoureux,
      Fort amoureux de sa femme,
Bien qu'il fût jouissant se croyait malheureux.
      Jamais œillade de la Dame,
5   Propos flatteur et gracieux,
      Mot d'amitié, ni doux sourire,
      Défiant le pauvre Sire,
N'avaient fait soupçonner qu'il fût vraiment chéri ;
      Je le crois, c'était un mari.
10   Il ne tint point à l'hyménée[1]
      Que content de sa destinée
      Il n'en remerciât les Dieux ;
      Mais quoi ? Si l'amour n'assaisonne
      Les plaisirs que l'hymen nous donne,
15   Je ne vois pas qu'on en soit mieux.
Notre épouse étant donc de la sorte bâtie,
Et n'ayant caressé son mari de sa vie,
Il en faisait sa plainte une nuit. Un voleur
      Interrompit la doléance[2].
20   La pauvre femme eut si grand'peur
      Qu'elle chercha quelque assurance
      Entre les bras de son époux.
« Ami Voleur, dit-il, sans toi ce bien si doux
Me serait inconnu ; prends donc en récompense

ooo

---

1. Hyménée : mariage.

2. Doléance : plainte.

25 Tout ce qui peut chez nous être à ta bienséance[1] :
    Prends le logis aussi. » Les voleurs ne sont pas
            Gens honteux[2], ni fort délicats :
    Celui-ci fit sa main[3]. J'infère[4] de ce conte
            Que la plus forte passion
30 C'est la peur ; elle fait vaincre l'aversion ;
    Et l'amour quelquefois ; quelquefois il la dompte :
            J'en ai pour preuve cet amant,
        Qui brûla sa maison pour embrasser sa Dame,
            L'emportant à travers la flamme[5] :
35   J'aime assez cet emportement ;
    Le conte m'en a plu toujours infiniment :
            Il est bien d'une âme espagnole,
            Et plus grande encore que folle.

Fable 16

LE TRÉSOR, ET LES DEUX HOMMES

Un Homme n'ayant plus ni crédit, ni ressource,
        Et logeant le Diable en sa bourse[6],
            C'est-à-dire, n'y logeant rien,
            S'imagina qu'il ferait bien
5   De se pendre, et finir lui-même sa misère ;

---

1. À ta bienséance : à ta convenance.

2. Gens honteux : sujets au déshonneur.

3. Celui-ci fit sa main : celui-ci fit main basse sur la maison, la pilla.

4. J'infère : je déduis.

5. Allusion au comte de Villa Mediana qui provoqua un incendie afin de pouvoir prendre dans ses bras la reine d'Espagne, dont il était amoureux.

6. Loger le diable en sa bourse : expression proverbiale pour dire qu'on n'a plus rien dans sa bourse.

FABLE 16 • LE TRÉSOR, ET LES DEUX HOMMES

Puisque aussi bien sans lui la faim le viendrait faire,
    Genre de mort qui ne duit[1] pas
À gens peu curieux de goûter le trépas.
Dans cette intention, une vieille masure
10 Fut la scène où devait se passer l'aventure.
Il y porte une corde, et veut avec un clou
Au haut d'un certain mur attacher le licou[2].
    La muraille, vieille et peu forte,
S'ébranle aux premiers coups, tombe avec un trésor.
15 Notre désespéré le ramasse, et l'emporte ;
Laisse là le licou ; s'en retourne avec l'or ;
Sans compter : ronde ou non, la somme plut au sire.
Tandis que le galant à grands pas se retire,
L'homme au trésor arrive, et trouve son argent
20   Absent.
« Quoi, dit-il, sans mourir je perdrai cette somme ?
Je ne me pendrai pas ? et vraiment si ferai[3],
    Ou de corde je manquerai. »
Le lacs[4] était tout prêt, il n'y manquait qu'un homme.
25 Celui-ci se l'attache, et se pend bien et beau.
    Ce qui le consola peut-être
Fut qu'un autre eût pour lui fait les frais du cordeau.
Aussi bien que l'argent le licou trouva maître.

L'avare rarement finit ses jours sans pleurs :
30 Il a le moins de part au trésor qu'il enserre,

ooo

---

1. Ne duit pas : ne convient pas (verbe *duire*, qui n'est plus en usage).

2. Licou : corde que l'on passe autour du cou d'un bœuf pour l'attacher ou le mener.

3. Si ferai : ainsi ferai-je.

4. Le lacs : le nœud coulant (ici pour se pendre, et non pour capturer du gibier).

Thésaurisant[1] pour les voleurs,
Pour ses parents, ou pour la terre.
Mais que dire du troc que la fortune fit ?
Ce sont là de ses traits[2] ; elle s'en divertit.
35 Plus le tour est bizarre, et plus elle est contente.
Cette Déesse inconstante
Se mit alors en l'esprit
De voir un homme se pendre ;
Et celui qui se pendit
40 S'y devait le moins attendre.

Fable 17

LE SINGE ET LE CHAT

Bertrand avec Raton, l'un Singe, et l'autre Chat,
Commensaux[3] d'un logis, avaient un commun Maître.
D'animaux malfaisants c'était un très bon plat[4] ;
Ils n'y craignaient tous deux aucun[5], quel qu'il pût être
5 Trouvait-on quelque chose au logis de gâté ?
L'on ne s'en prenait point aux gens du voisinage.
Bertrand dérobait tout ; Raton de son côté
Était moins attentif aux souris qu'au fromage.
Un jour au coin du feu nos deux maîtres fripons
10   Regardaient rôtir des marrons ;

---

1. Thésaurisant : épargnant.

2. Traits : idées.

3. Commensaux : qui partagent la même table.

4. C'était un très bon plat : c'était une très bonne association (ironique).

5. Ils n'y craignaient tous deux aucun : sur ce point (« y », qui renvoie à la malfaisance du vers précédent), ils ne craignaient personne.

FABLE 17 • LE SINGE ET LE CHAT

Les escroquer[1] était une très bonne affaire :
Nos galands[2] y voyaient double profit à faire,
Leur bien premièrement, et puis le mal d'autrui.
Bertrand dit à Raton : « Frère, il faut aujourd'hui
15   Que tu fasses un coup de maître.
Tire-moi ces marrons ; si Dieu m'avait fait naître
        Propre à tirer marrons du feu,
        Certes marrons verraient beau jeu.
Aussitôt fait que dit : Raton avec sa patte,
20   D'une manière délicate,
Écarte un peu la cendre, et retire les doigts ;
        Puis les reporte à plusieurs fois ;
Tire un marron, puis deux, et puis trois en escroque.
        Et cependant Bertrand les croque.
25 Une servante vient : adieu mes gens. Raton
        N'était pas content, ce dit-on.
Aussi ne le sont pas la plupart de ces Princes
        Qui, flattés d'un pareil emploi,
        Vont s'échauder[3] en des Provinces,
30   Pour le profit de quelque Roi.

---

1. Les escroquer : les voler (et les « croquer » !).
2. Galands : malins.
3. S'échauder : se brûler (les doigts).

Fable 18
LE MILAN[1] ET LE ROSSIGNOL

Après que le Milan, manifeste voleur,
Eut répandu l'alarme en tout le voisinage,
Et fait crier sur lui les enfants du village,
Un Rossignol tomba dans ses mains, par malheur.
5   Le héraut[2] du Printemps lui demande la vie.
« Aussi bien, que manger en qui n'a que le son ?
         Écoutez plutôt ma chanson ;
Je vous raconterai Térée[3] et son envie.
– Qui, Térée ? est-ce un mets propre pour les Milans ?
10 – Non pas, c'était un Roi dont les feux violents[4]
Me firent ressentir leur ardeur criminelle :
Je m'en vais vous en dire une chanson si belle
Qu'elle vous ravira : mon chant plaît à chacun. »
      Le Milan alors lui réplique :
15 « Vraiment nous voici bien, lorsque je suis à jeun,
         Tu me viens parler de musique.
– J'en parle bien aux Rois. – Quand un Roi te prendra,
      Tu peux lui conter ces merveilles :
      Pour un Milan, il s'en rira :
20   Ventre affamé n'a point d'oreilles[5]. »

---

1. Milan : rapace nocturne. Le milan royal est un aigle et le milan blanc, un busard.
2. Héraut : chantre ; au Moyen Âge, celui qui faisait les proclamations publiques.
3. Térée : roi de Thrace qui, s'étant épris de sa belle-sœur Philomèle, la viola puis lui coupa la langue pour la contraindre au silence. Aidée de sa sœur Progné, Philomèle se vengea en faisant manger à Térée son propre fils. Les dieux les métamorphosèrent en rossignol, en hirondelle et en huppe.
4. Les feux violents : l'amour passionné.
5. Ventre affamé n'a point d'oreille : ce vers est passé en proverbe.

Fable 19
LE BERGER ET SON TROUPEAU

« Quoi ? toujours il me manquera
Quelqu'un de ce peuple imbécile[1] !
Toujours le Loup m'en gobera[2] !
J'aurai beau les compter : ils étaient plus de mille,
5   Et m'ont laissé ravir notre pauvre Robin ;
Robin mouton qui par la ville
Me suivait pour un peu de pain,
Et qui m'aurait suivi jusques au bout du monde.
Hélas ! de ma musette[3] il entendait le son :
10 Il me sentait venir de cent pas à la ronde.
Ah le pauvre Robin mouton ! »
Quand Guillot eut fini cette oraison funèbre,
Et rendu de Robin la mémoire célèbre,
Il harangua[4] tout le troupeau,
15 Les chefs, la multitude, et jusqu'au moindre agneau,
Les conjurant[5] de tenir ferme :
Cela seul suffirait pour écarter les Loups.
Foi de peuple d'honneur, ils lui promirent tous
De ne bouger non plus qu'un terme[6].
20 « Nous voulons, dirent-ils, étouffer le glouton
Qui nous a pris Robin mouton. »

ooo

---

1. Imbécile : faible, sans énergie ; **le peuple imbécile** : les moutons.

2. Gobera : mangera.

3. Musette : instrument de musique.

4. Harangua : fit un discours à.

5. Les conjurant : les suppliant.

6. Non plus qu'un terme : non plus qu'une borne (au bord de la route). Les bornes représentaient dans l'Antiquité le dieu Terme.

Chacun en répond sur sa tête.
Guillot les crut, et leur fit fête.
Cependant devant qu'il[1] fût nuit,
25   Il arriva nouvel encombre[2].
Un Loup parut ; tout le troupeau s'enfuit.
Ce n'était pas un Loup, ce n'en était que l'ombre.
Haranguez de méchants soldats,
Ils promettront de faire rage ;
30 Mais au moindre danger adieu tout leur courage :
Votre exemple et vos cris ne les retiendront pas.

Jean-Jacques Granville (1803-1847), *Le Berger et son troupeau*. Ph © Duvallon/Leemage.

1. Devant qu'il : avant qu'il.
2. Nouvel encombre : nouvel ennui.

DISCOURS
À MADAME DE LA SABLIÈRE[1]

Iris[2], je vous louerais, il n'est que trop aisé ;
Mais vous avez cent fois notre encens refusé ;
En cela peu semblable au reste des mortelles
Qui veulent tous les jours des louanges nouvelles.
5 Pas une ne s'endort à ce bruit si flatteur.
Je ne les blâme point, je souffre cette humeur ;
Elle est commune aux Dieux, aux Monarques, aux belles.
Ce breuvage[3] vanté par le peuple rimeur[4],
Le Nectar[5] que l'on sert au maître du Tonnerre[6],
10 Et dont nous enivrons tous les Dieux de la terre,
C'est la louange, Iris ; vous ne la goûtez point ;
D'autres propos chez vous récompensent ce point ;
      Propos, agréables commerces,
Où le hasard fournit cent matières diverses :
15   Jusque-là qu'en votre entretien
La bagatelle[7] a part : le monde n'en croit rien.
      Laissons le monde, et sa croyance :
      La bagatelle, la science,
Les chimères, le rien, tout est bon : je soutiens

ooo

---

1. Madame de La Sablière : femme cultivée et brillante, elle recevait dans son salon des philosophes, des artistes et des scientifiques. Elle hébergea La Fontaine après la mort de sa protectrice, la duchesse d'Orléans.

2. Iris : nom poétique que La Fontaine donne à madame de La Sablière.

3. Ce breuvage : la louange.

4. Le peuple rimeur : les poètes.

5. Nectar : boisson des dieux.

6. Le maître du Tonnerre : Jupiter.

7. La bagatelle : la légèreté souriante.

20   Qu'il faut de tout aux entretiens :
         C'est un parterre, où Flore[1] épand ses biens ;
     Sur différentes fleurs l'Abeille s'y repose,
         Et fait du miel de toute chose.
     Ce fondement posé, ne trouvez pas mauvais
25   Qu'en ces Fables aussi j'entremêle des traits
         De certaine Philosophie
         Subtile, engageante, et hardie.
     On l'appelle nouvelle. En avez-vous ou non
         Ouï parler ? Ils[2] disent donc
30   Que la bête est une machine ;
     Qu'en elle tout se fait sans choix et par ressorts :
     Nul sentiment, point d'âme, en elle tout est corps[3].
         Telle est la montre qui chemine[4],
     À pas toujours égaux, aveugle et sans dessein.
35   Ouvrez-la, lisez dans son sein ;
     Mainte roue y tient lieu de tout l'esprit du monde.
         La première y meut[5] la seconde,
     Une troisième suit, elle sonne à la fin.
     Au dire de ces gens, la bête est toute telle :
40   L'objet la frappe en un endroit ;
         Ce lieu frappé s'en va tout droit,
     Selon nous, au voisin en porter la nouvelle.
     Le sens de proche en proche aussitôt la reçoit.
     L'impression se fait, mais comment se fait-elle ?

---

1. Flore : déesse romaine des fleurs.

2. Ils : il s'agit des partisans du cartésianisme, Descartes (1596-1650) ayant soutenu que les animaux n'étaient que des « machines », incapables d'émotions et d'intelligence.

3. Tout est corps : tout est matière (par opposition à l'esprit, qui est le propre de l'homme).

4. Qui chemine : qui avance, dont les aiguilles tournent.

5. Y meut : y fait bouger (3ᵉ personne du singulier du présent du verbe *mouvoir*).

Selon eux, par nécessité,
           Sans passion, sans volonté :
           L'animal se sent agité
      De mouvements que le vulgaire[1] appelle
   Tristesse, joie, amour, plaisir, douleur cruelle,
           Ou quelque autre de ces états.
   Mais ce n'est point cela ; ne vous y trompez pas.
   Qu'est-ce donc ? une montre ; et nous ? c'est autre chose.
   Voici de la façon que Descartes l'expose
   (Descartes ce mortel dont on eût fait un Dieu
           Chez les Païens[2], et qui tient le milieu
   Entre l'homme et l'esprit, comme entre l'huître et l'homme
   Le tient tel de nos gens, franche bête de somme)
   Voici, dis-je, comment raisonne cet Auteur.
   Sur tous les animaux enfants du Créateur,
   J'ai le don de penser, et je sais que je pense.
   Or vous savez Iris de certaine science[3],
           Que quand la bête penserait,
           La bête ne réfléchirait
           Sur l'objet, ni sur sa pensée.
   Descartes va plus loin, et soutient nettement
           Qu'elle ne pense nullement.
           Vous n'êtes point embarrassée
   De le croire, ni moi. Cependant, quand aux bois
           Le bruit des cors[4], celui des voix
   N'a donné nul relâche à la fuyante proie[5],

ooo

---

1. Le vulgaire : les non-initiés, les gens ordinaires.

2. Chez les Païens : dans l'Antiquité ; cet éloge de Descartes est ironique.

3. De certaine science : de science certaine.

4. Cors : instruments de musique ; ces cors sont ceux d'une chasse à courre.

5. La fuyante proie : le cerf pourchassé.

                    Qu'en vain elle a mis ses efforts
                    À confondre, et brouiller la voie,
            L'animal chargé d'ans, vieux Cerf, et de dix cors[1],
            En suppose[2] un plus jeune, et l'oblige par force
75   À présenter aux chiens une nouvelle amorce.
            Que de raisonnements pour conserver ses jours !
            Le retour sur ses pas, les malices, les tours,
                    Et le change, et cent stratagèmes
            Dignes des plus grands chefs, dignes d'un meilleur sort !
80   On le déchire après sa mort ;
                    Ce sont tous ses honneurs suprêmes.
                        Quand la Perdrix
                        Voit ses petits
            En danger, et n'ayant qu'une plume nouvelle[3],
85   Qui ne peut fuir encor par les airs le trépas,
            Elle fait la blessée, et va traînant de l'aile,
            Attirant le Chasseur, et le Chien sur ses pas,
            Détourne le danger, sauve ainsi sa famille,
            Et puis quand le Chasseur croit que son Chien la pille[4],
90   Elle lui dit adieu, prend sa volée, et rit
            De l'homme, qui confus des yeux en vain la suit.

                    Non loin du Nord[5] il est un monde,
                    Où l'on sait que les habitants
                    Vivent ainsi qu'aux premiers temps
95   Dans une ignorance profonde :
            Je parle des humains ; car quant aux animaux,

---

1. Cors : ramifications des bois du cerf ; un cerf de dix cors a sept ans.

2. En suppose : met à sa place un plus jeune cerf pour tromper et fatiguer la meute.

3. Plume nouvelle : les premières plumes des petits de la perdrix.

4. La pille : l'attrape et la prend dans sa gueule.

5. Non loin du Nord : non loin du pôle Nord.

Ils y construisent des travaux[1],
Qui des torrents grossis arrêtent le ravage,
Et font communiquer l'un et l'autre rivage.
100 L'édifice résiste, et dure en son entier;
Après un lit de bois, est un lit de mortier[2] :
Chaque Castor agit; commune en est la tâche;
Le vieux y fait marcher le jeune sans relâche.
Maint maître d'œuvre y court, et tient haut le bâton[3]
105   La république de Platon[4]
      Ne serait rien que l'apprentie
      De cette famille amphibie.
Ils savent en hiver élever leurs maisons,
    Passent les étangs sur des ponts,
110   Fruit de leur art, savant ouvrage;
    Et nos pareils ont beau le voir;
    Jusqu'à présent tout leur savoir
    Est de passer l'onde à la nage.

Que ces Castors ne soient qu'un corps vide d'esprit,
115 Jamais on ne pourra m'obliger à le croire;
Mais voici beaucoup plus : écoutez ce récit,
    Que je tiens d'un Roi plein de gloire[5].
Le défenseur du Nord vous sera mon garant :
Je vais citer un prince aimé de la victoire :
120 Son nom seul est un mur à l'empire ottoman;
C'est le Roi Polonais, jamais un Roi ne ment.

ooo

---

1. Travaux : barrages.

2. Lit de mortier : lit fait d'un mélange de sable et de cailloux.

3. Tient haut le bâton : agit avec autorité (sous la menace du bâton).

4. Platon, philosophe grec du Ve siècle avant notre ère, a imaginé dans *La République* une cité idéale, fondée sur la solidarité.

5. Un Roi plein de gloire : Jean III Sobieski, roi de Pologne de 1674 à 1696, qui battit à deux reprises les Turcs avant d'en stopper plus tard l'avancée en Europe centrale.

>   Il dit donc que, sur sa frontière
> Des animaux entre eux ont guerre de tout temps :
> Le sang qui se transmet des pères aux enfants
> 125   En renouvelle la matière[1].
> Ces animaux, dit-il, sont germains du Renard.
>   Jamais la guerre avec tant d'art
>   Ne s'est faite parmi les hommes,
>   Non pas même au siècle où nous sommes.
> 130 Corps de garde avancé, vedettes[2], espions,
> Embuscades, partis, et mille inventions
> D'une pernicieuse, et maudite science,
>   Fille du Styx[3], et mère des héros,
>   Exercent de ces animaux
> 135   Le bon sens, et l'expérience.
> Pour chanter leurs combats, l'Achéron[4] nous devrait
>   Rendre Homère[5]. Ah s'il le rendait,
> Et qu'il rendît aussi le rival d'Épicure[6] !
> Que dirait ce dernier sur ces exemples-ci ?
> 140 Ce que j'ai déjà dit, qu'aux bêtes la nature
> Peut par les seuls ressorts opérer tout ceci ;
>   Que la mémoire est corporelle,
> Et que, pour en venir aux exemples divers
>   Que j'ai mis en jour dans ces vers,
> 145   L'animal n'a besoin que d'elle.
> L'objet, lorsqu'il revient, va dans son magasin

---

1. Il s'agit des boubacks, sorte de renards belliqueux et redoutables.

2. Vedettes : sentinelles à cheval.

3. Styx : l'un des fleuves des Enfers.

4. Achéron : autre fleuve des Enfers.

5. Homère (IXᵉ siècle avant notre ère) : auteur des deux grandes épopées grecques, l'*Iliade* et l'*Odyssée*.

6. Rival d'Épicure : il s'agit de Descartes qui, au matérialisme d'Épicure, opposait une doctrine spiritualiste.

>   Chercher par le même chemin
>   L'image auparavant tracée,
>   Qui sur les mêmes pas revient pareillement,
>   Sans le secours de la pensée,
> 150   Causer un même événement.
>   Nous agissons tout autrement.
>   La volonté nous détermine,
>   Non l'objet, ni l'instinct. Je parle, je chemine ;
>   Je sens en moi certain agent ;
> 155   Tout obéit dans ma machine
>   À ce principe intelligent.
>   Il est distinct du corps, se conçoit nettement,
>   Se conçoit mieux que le corps même :
>   De tous nos mouvements c'est l'arbitre suprême.
> 160   Mais comment le corps l'entend-il ?
>   C'est là le point : je vois l'outil
>   Obéir à la main ; mais la main, qui la guide ?
>   Eh ! qui guide les Cieux, et leur course rapide ?
>   Quelque Ange est attaché peut-être à ces grands corps.
> 165   Un esprit vit en nous, et meut tous nos ressorts :
>   L'impression se fait. Le moyen, je l'ignore.
>   On ne l'apprend qu'au sein de la Divinité ;
>   Et, s'il faut en parler avec sincérité,
>   Descartes l'ignorait encore.
> 170   Nous et lui là-dessus nous sommes tous égaux.
>   Ce que je sais Iris, c'est qu'en ces animaux
>   Dont je viens de citer l'exemple,
>   Cet esprit n'agit pas, l'homme seul est son temple.
>   Aussi faut-il donner à l'animal un point,
> 175   Que la plante après tout n'a point.
>   Cependant la plante respire :
>   Mais que répondra-t-on à ce que je vais dire ?

POUR VOUS GUIDER

3 QUESTIONS

« Discours à Mme de La Sablière »

Un débat philosophique : les animaux ont-ils une âme ?

Quelle est la stratégie argumentative du fabuliste ?

- Exposé de la **théorie cartésienne des « animaux-machines »**, selon laquelle les bêtes n'éprouvent aucun sentiment (v. 29-66).
- **Réfutation** (v. 68-113) par La Fontaine de cette même théorie par une **série d'exemples** : le vieux cerf sait quand il le faut céder sa place à un plus jeune pour fatiguer les chiens de la chasse à courre (v. 68-81) ; la perdrix attire sur elle les chasseurs pour sauver ses petits (v. 82-91) ; les castors sont des bâtisseurs (v. 92-113).
- **Conclusion** : les animaux ont un esprit, moindre et différent certes de l'esprit de l'homme, mais ils en ont un (v. 114-178).
- **Preuve supplémentaire** : la fable des « deux rats » qui transportent ingénieusement un œuf (v. 179-199).
- Exposé de la **théorie personnelle de La Fontaine** : il imagine une échelle des êtres allant de la plante aux hommes en passant par les animaux (v. 200-240). Selon les stades, l'intelligence est plus ou moins développée.

Comment La Fontaine rallie-t-il ses lecteurs à sa théorie ?

- En se faisant le porte-parole (provisoire) de la thèse de Descartes, d'où une impression d'objectivité (v. 29-53) : **démarche de nature concessive**.
- En multipliant les **objections** et en donnant des **exemples**.
- En présentant sa propre thèse avec **prudence et humilité** : utilisation du conditionnel présent à partir du vers 200, et reconnaissance de ses propres limites. Humilité garante de sérieux.

Comment La Fontaine apparaît-il dans ce « Discours » ?

- En homme capable de **manier des concepts**, comme tout bon philosophe.
- En **défenseur de la cause animale**, qu'il réhabilite.
- En **poète** qui n'oublie pas de convoquer les images de la mythologie gréco-romaine.

DÉFINITION CLÉ

Qu'est-ce qu'un raisonnement concessif ?

Le raisonnement concessif consiste à exposer tout ou partie d'une objection ou d'une théorie à laquelle on n'adhère pas, pour ensuite mieux la combattre.

LES DEUX RATS, LE RENARD
ET L'ŒUF

Deux Rats cherchaient leur vie[1], ils trouvèrent un Œuf.
Le dîné[2] suffisait à gens de cette espèce !
Il n'était pas besoin qu'ils trouvassent un Bœuf.
    Pleins d'appétit, et d'allégresse,
5 Ils allaient de leur œuf manger chacun sa part ;
Quand un Quidam[3] parut. C'était maître Renard ;
    Rencontre incommode et fâcheuse.
Car comment sauver l'œuf ? Le bien empaqueter,
Puis des pieds de devant ensemble le porter,
10   Ou le rouler, ou le traîner,
C'était chose impossible autant que hasardeuse.
    Nécessité l'ingénieuse
    Leur fournit une invention.
Comme ils pouvaient gagner leur habitation,
15 L'écornifleur[4] étant à demi-quart de lieue,
L'un se mit sur le dos, prit l'œuf entre ses bras,
Puis malgré quelques heurts, et quelques mauvais pas,
    L'autre le traîna par la queue.
Qu'on m'aille soutenir après un tel récit,
20   Que les bêtes n'ont point d'esprit.
    Pour moi si j'en étais le maître,
Je leur en[5] donnerais aussi bien qu'aux enfants.

○○○

---

1. Cherchaient leur vie : cherchaient de quoi manger.

2. Dîné : dîner (à l'époque déjeuner).

3. Quidam : mot latin signifiant « quelqu'un ».

4. Écornifleur : pique-assiette.

5. En : de l'esprit.

Ceux-ci pensent-ils pas dès leurs plus jeunes ans?
Quelqu'un peut donc penser ne se pouvant connaître.
25   Par un exemple tout égal,
            J'attribuerais à l'animal
Non point une raison selon notre manière:
Mais beaucoup plus aussi qu'un aveugle ressort:
Je subtiliserais[1] un morceau de matière,
30 Que l'on ne pourrait plus concevoir sans effort,
Quintessence[2] d'atome, extrait de la lumière,
Je ne sais quoi plus vif, et plus mobile encor[3]
Que le feu: car enfin, si le bois fait la flamme,
La flamme en s'épurant peut-elle pas de l'âme
35 Nous donner quelque idée, et sort-il pas de l'or
Des entrailles du plomb? Je rendrais mon ouvrage[4]
Capable de sentir, juger, rien davantage,
            Et juger imparfaitement,
Sans qu'un Singe jamais fît le moindre argument.
40   À l'égard de nous autres hommes,
Je ferais notre lot infiniment plus fort:
            Nous aurions un double trésor;
L'un cette âme pareille en tous tant que nous sommes,
            Sages, fous, enfants, idiots,
45 Hôtes de l'univers sous le nom d'animaux;
L'autre encore une autre âme, entre nous et les Anges
            Commune en un certain degré;
            Et ce trésor à part créé

---

1. Je subtiliserais: je rendrais *subtil* (un morceau de matière pour qu'il devienne esprit).

2. Quintessence: en chimie, ce qu'il y a de plus pur.

3. Encor: encore (licence poétique).

4. Mon ouvrage: ma création (celle d'un esprit spécifique aux animaux).

Suivrait parmi les airs les célestes phalanges[1],
Entrerait dans un point sans en être pressé,
Ne finirait jamais quoique ayant commencé,
    Choses réelles quoique étranges.
    Tant que l'enfance durerait,
Cette fille du Ciel[2] en nous ne paraîtrait
    Qu'une tendre[3] et faible lumière ;
L'organe étant plus fort[4], la raison percerait
    Les ténèbres de la matière,
    Qui toujours envelopperait
    L'autre âme imparfaite et grossière.

---

1. Les célestes phalanges : l'armée des anges, les « phalanges » formant un corps d'armée chez les Grecs.
2. Cette fille du Ciel : la raison (que La Fontaine confond ici avec l'âme).
3. Tendre : douce.
4. L'organe étant plus fort : à mesure que notre corps se développerait.

Anthologie sur

La fable

Même si son nom reste de nos jours indissociable de la fable, La Fontaine n'en est pas le créateur : sous une forme orale, les sociétés les plus anciennes la pratiquaient déjà.

Apologue et fable sont deux termes synonymes. Si le premier est d'origine grecque et le second d'origine latine, tous deux dérivent du verbe *dire*. L'apologue ou la fable est donc une « prise de parole ». Dans la classification des genres littéraires, la fable est un *récit* (par opposition au théâtre qui *représente* une action). Mais tous les récits n'étant pas des fables, la fable est un récit d'une nature particulière. Celui-ci est bref, campe de préférence des animaux avec pour intention avouée de dispenser un enseignement ou, comme l'on disait parfois, une « moralité ». Son but est donc avant tout didactique.

Cette anthologie présente les grandes étapes de l'histoire de la fable. Ces étapes sont grecque (avec Ésope), latine (avec Phèdre), indienne (avec Pilpay), française (du Moyen Âge à nos jours), étrangère (avec Kafka, Orwell et Buzzati). Le succès et la permanence du genre à travers les siècles s'expliquent par le fait que la fable est d'abord une forme, malléable à souhait, que chacun peut utiliser comme il l'entend.

LA FABLE GRECQUE

La tradition fait du Grec Ésope le créateur de la fable. Sur la vie de cet ancien esclave, qui mourut à Delphes de mort violente au VIe siècle avant notre ère, on sait peu de choses. Il serait l'auteur de plus de trois cents fables. Transmises de génération en génération, elles ont été traduites et rééditées régulièrement jusqu'en plein milieu du XVIIe siècle. La Fontaine n'a cessé de lui rendre hommage. Il fait figurer en tête de son recueil de 1668 une « Vie d'Ésope le

Phrygien[1] » et il le considère encore, dans la dédicace du recueil de 1678 « À Madame de Montespan », comme un « sage » qu'il faudrait « ériger en divinité » (VII, 1).

■ Ésope, le créateur de la fable

Les fables d'Ésope ont pour longtemps fixé le modèle du genre (appelé pour cette raison « modèle ésopique »). Elles comportent deux parties : le « corps », qui est le récit proprement dit, et l'« âme », qui est la leçon se dégageant du récit. Ce sont souvent des textes brefs, sans fantaisie ni description, et lourdement didactiques.

Texte 1

FABLE

ÉSOPE (VIᵉ siècle av. J.-C.), « Le Corbeau et le Renard », *Fables*, traduction Émile Chambry, © Les Belles Lettres, 1927.

Cette fable d'Ésope est la source de l'une des plus célèbres fables de La Fontaine, « Le Corbeau et le Renard » (I, 2). Elle met en garde contre la flatterie et les compliments excessifs : qui flatte cherche à tromper.

Un corbeau, ayant volé un morceau de viande, s'était perché sur un arbre. Un renard l'aperçut, et, voulant se rendre maître de la viande, se posta devant lui et loua ses proportions élégantes et sa beauté, ajoutant que nul n'était mieux fait que lui pour être le roi
5 des oiseaux, et qu'il le serait devenu sûrement, s'il avait de la voix. Le corbeau, voulant lui montrer que la voix ne lui manquait pas, lâcha la viande et poussa de grands cris. Le renard se précipita et, saisissant le morceau, dit : « Ô corbeau, si tu avais aussi du jugement, il ne te manquerait rien pour devenir le roi des oiseaux. »
10 Cette fable est une leçon pour les sots.

---

1. Phrygien : originaire de *Phrygie*, ancienne région occidentale de l'Asie Mineure (= Turquie d'Asie actuelle).

■ La réécriture d'Ésope par La Fontaine

Pour une possible étude comparative et le pur plaisir de la lecture, nous reproduisons la fable de la Fontaine (I, 2). Quand La Fontaine s'inspire, il fait œuvre de créateur.

Le Corbeau et le Renard

Maître Corbeau, sur un arbre perché,
    Tenait en son bec un fromage.
Maître Renard, par l'odeur alléché,
    Lui tint à peu près ce langage :
5   « Et bonjour, Monsieur du Corbeau.
Que vous êtes joli ! que vous me semblez beau !
    Sans mentir, si votre ramage
    Se rapporte à votre plumage,
Vous êtes le Phénix des hôtes de ces Bois. »
10 À ces mots le Corbeau ne se sent pas de joie,
    Et pour montrer sa belle voix,
Il ouvre un large bec, laisse tomber sa proie.
Le Renard s'en saisit, et dit : « Mon bon Monsieur,
    Apprenez que tout flatteur
15 Vit aux dépens de celui qui l'écoute.
Cette leçon vaut bien un fromage sans doute. »
    Le Corbeau honteux et confus
Jura, mais un peu tard, qu'on ne l'y prendrait plus.

Texte 2 | FABLE

ÉSOPE (VIᵉ siècle av. J.-C.), « La Queue et le Corps du Serpent », *Fables*, traduction Émile Chambry, © Les Belles Lettres, 1927.

Cette fable d'Ésope est la source de La Fontaine pour sa fable « La Tête et la Queue du Serpent » *(VII, 16 ; voir ci-dessus p. 56). On pourra s'y reporter pour une possible lecture comparée. Se prétendant l'égale de la* « Tête », *la* « Queue » *d'un serpent prétend prendre sa place et tout diriger. C'est évidemment la catastrophe ! Moralité : avant de commander, il faut savoir si on peut le faire.*

Un jour la Queue du serpent eut la prétention de conduire et de marcher la première. Les autres organes lui dirent : « Comment nous conduiras-tu, toi qui n'a pas d'yeux ni de nez, comme les autres animaux ? » Mais ils ne la persuadèrent pas, et à la fin le bon
5 sens eut le dessous. La Queue commanda et conduisit, tirant à l'aveugle tout le corps, tant qu'enfin elle tomba dans un trou plein de pierres, où le serpent se meurtrit l'échine et tout le corps. Alors elle s'adressa, flatteuse et suppliante, à la Tête : « Sauve-nous, s'il te plaît ; car j'ai eu tort d'entrer en lutte avec toi. » Cette fable confond
10 les hommes rusés et pervers qui se révoltent contre leurs maîtres.

LA FABLE LATINE

Affranchi de l'empereur Auguste, Phèdre (14 av. J.-C. ?-50 apr. J.-C. ?) a laissé cinq livres de fables. S'il reprend souvent les récits et les thèmes d'Ésope, il est l'un de ceux qui ont fait évoluer le genre.

■ Le Latin Phèdre, créateur de la fable en vers

Tout d'abord, Phèdre écrit en vers, faisant ainsi passer la fable du domaine de la prose à celui de la poésie. Ensuite, à la brièveté d'Ésope, il substitue une forme plus variée, comme on pourra en juger dans la fable qui suit.

Texte 3

FABLE

PHÈDRE, « L'Âne se moquant du Sanglier », *Fables,* traduction Alice Brenot, © Les Belles Lettres, 1924.

Cette fable est l'une des sources de « Le Rat et l'Éléphant » (VIII, 15 ; voir ci-dessus, p. 98), de La Fontaine, qui en modifiera la morale en la centrant sur la vanité des Français.

Le plus souvent les sots, en vue d'une plaisanterie qu'ils voudraient légère, atteignent autrui d'une grossière insulte et, eux-mêmes, sans s'y attendre, s'exposent au danger.

L'Âne, le Sanglier se trouvant sur son chemin : « Bonjour, lui dit-il, mon frère. » Le Sanglier de s'indigner, de repousser la politesse et de demander où tendait ce mensonge voulu. « Pas de ressemblance, dis-tu, entre toi et moi ? Du moins, il y a ressemblance entre ce que je montre et ton groin. » Le Sanglier, tenté d'abord de s'abandonner à une fougueuse attaque, refoula sa colère : « Facile est la vengeance pour moi, dit-il, mais je ne veux pas me souiller d'un ignoble sang. »

> **Le vers latin**
>
> Le vers latin est fondé sur la notion de pied, qui comprend plusieurs syllabes – au moins deux – plus ou moins longues. C'est un système dont la versification française ne peut rendre compte, d'où sa traduction en prose.

LA FABLE ORIENTALE

En dehors de la sphère gréco-latine, l'Orient est le pays d'élection de la fable. Les conteurs chinois, indiens ou persans faisaient d'autant plus facilement dialoguer hommes et bêtes que leurs croyances religieuses en la métempsycose répandaient l'idée que les âmes des morts pouvaient se réincarner dans des animaux. Introduites en Espagne par les Arabes, ces fables furent progressivement traduites en latin puis en français, à partir de 1644. Les plus importantes d'entre elles figurent dans le recueil de l'Indien Pilpay (ou Bidpaï).

■ L'Indien Pilpay et la fable exotique

Personnage semi-légendaire, Pilpay est censé avoir vécu au IIIe siècle de notre ère. La Fontaine le cite explicitement dans l'« Avertissement » qu'il place en tête de son second recueil. Avec le Grec Ésope, le Latin Phèdre, l'Indien Pilpay est en effet l'une de ses principales sources. La coloration orientale de ses fables offrait au public français le charme de l'exotisme, du dépaysement et du rêve.

Texte 4 — FABLE

PILPAY, « D'un Jardinier et d'un Ours », dans *Le Livre des Lumières ou la Conduite des Rois,* composé par le sage Pilpay, Indien, traduit en français par David Souhid d'Ispahan et Gilbert Gaulmin, 1644.

Ce texte est la source de La Fontaine pour sa fable « L'Ours et l'Amateur des jardins » (VIII, 10 ; voir ci-dessus, p. 85). Un Ours veut rendre service à son ami le Jardinier et, par stupidité, le tue.

Il y avait autrefois un Jardinier qui aimait tant les jardinages qu'il s'éloigna de la compagnie des hommes pour se donner tout entier au soin de cultiver des plantes. Il n'avait ni femme ni enfants, et depuis le matin jusqu'au soir il ne faisait que travailler
5 dans son jardin, qu'il rendit aussi beau que le Paradis terrestre. À la fin le bonhomme s'ennuya d'être seul dans sa solitude : il prit la résolution de sortir de son jardin pour chercher compagnie. En se promenant au pied d'une montagne, il aperçut un Ours, dont les regards causaient de l'effroi. Cet animal s'était aussi ennuyé
10 d'être seul, et n'était descendu de la montagne, que pour voir s'il ne rencontrerait point quelqu'un, avec qui il pût faire société[1]. Aussitôt qu'ils se virent, ils se sentirent de l'amitié l'un pour l'autre. Le Jardinier aborda l'Ours, qui lui fit une profonde révérence. Après quelques civilités[2], le Jardinier fit signe à l'Ours de
15 le suivre, et l'ayant mené dans son jardin, lui donna de forts beaux fruits qu'il avait conservés soigneusement ; et enfin il se lia entre

---

1. Faire société : développer des relations.
2. Civilités : politesses.

eux une étroite amitié. Quand le Jardinier était las de travailler, et qu'il voulait se reposer, l'Ours par affection demeurait auprès de lui, et chassait les mouches de peur qu'elles ne l'éveillassent. Un jour que le Jardinier dormait au pied d'un arbre, et que l'Ours, selon sa coutume, écartait les mouches, il en vint une se poser sur la bouche du Jardinier ; et quand l'Ours la chassait d'un côté, elle se remettait de l'autre : ce qui le mit dans une si grande colère qu'il prit une grosse pierre pour la tuer : il la tua à la vérité ; mais en même temps il écrasa la tête du Jardinier. C'est à cause de cela que les gens d'esprit disent qu'il vaut mieux avoir un sage ennemi qu'un ami ignorant.

LA FABLE AU XVIᵉ SIÈCLE

Le Moyen Âge maintient vivace la tradition de la fable. De très nombreux recueils circulent, que l'on appelle des « ysopets » (déformation phonétique de « petits Ésopes »). Ce sont des adaptations des apologues grecs aux mœurs françaises. Leur valeur didactique, leur facilité à être mémorisés, l'apprentissage qu'ils facilitent du grec rendent leur utilisation fréquente dans les collèges. De nombreux auteurs se plaisent par ailleurs à écrire des fables.

À sa manière, *Le Roman de Renart*, paru entre 1174 et 1250, et qui est une épopée animale, peut être considéré comme une vaste fable. Conteurs et romanciers n'hésitent pas de leur côté à parsemer leurs ouvrages de fables.

Au XVIᵉ siècle également, les traductions versifiées d'Ésope se multiplient, témoignant de la vitalité de la fable et de l'intérêt qu'on lui porte. Montaigne, par exemple, note dans ses *Essais* (II, 10) que « la plupart des fables d'Ésope ont plusieurs sens et intelligences ».

Sous son apparence souvent plaisante, la fable devient un jeu de l'esprit et un outil de formation intellectuelle et morale.

■ Rabelais et la fable comique

Moine puis médecin et romancier, partisan enthousiaste de l'humanisme, François Rabelais (1483?-1553) se fit connaître par ses romans de *Pantagruel* (1532) et de *Gargantua* (1534). Leur comique et leur inventivité verbale en font des parodies héroï-comiques de l'épopée et des romans de chevalerie du Moyen Âge. Viennent ensuite un *Tiers Livre* (1546) et un *Quart Livre* (1552).

> **Qu'est-ce que l'héroï-comique ?**
> C'est un registre qui mêle l'héroïque au comique, jouant sur le contraste entre l'évocation de personnages de basse condition dans des scènes banales et le langage noble qu'ils utilisent. L'héroï-comique est proche du **burlesque**, genre qui, à l'inverse, repose sur le contraste entre la noblesse du sujet traité ou des personnages et la trivialité du style.

Texte 5

ROMAN

RABELAIS, « Le Bûcheron qui a perdu sa cognée », *Quart Livre* (1552), Prologue, orthographe modernisée.

Après Ésope et avant La Fontaine (V, 1 « Le Bûcheron et Mercure »), Rabelais rapporte dans le Prologue de son Quart Livre *la fable suivante, où ne figurent pour une fois que des humains (et des dieux). Un brave bûcheron perd sa hache : comment vivrait-il sans sa « cognée » ? Il implore tant Jupiter que celui-ci, de guerre lasse, lui donne le choix entre plusieurs cognées. Il choisira la moins précieuse, mais la plus utile !*

De son temps était un pauvre villageois, natif de Gravot, nommé Couillatris, abatteur et fendeur de bois et gagnant cahin-caha[1] sa pauvre vie. Il arriva qu'il perdit sa cognée[2]. Qui fut bien fâché et marri[3] ? Ce fut lui, car de sa cognée dépendaient son bien et sa vie.
5 Par sa cognée, il vivait en honneur et réputation parmi tous les riches

---

1. Cahin-caha : difficilement.
2. Cognée : hache.
3. Marri : profondément attristé.

bûcheteurs[1]; sans cognée il mourait de faim [...]. Il commença à crier, prier, implorer, invoquer Jupiter par oraisons[2] diverses et nombreuses (comme vous le savez Nécessité fut inventrice d'Éloquence), levant la face vers les cieux, le genou en terre, la tête nue, les bras hauts en l'air, les doigts des mains écartés, disant infatigablement à haute voix: « Ma cognée, Jupiter, ma cognée, ma cognée. Rien de plus, ô Jupiter, que ma cognée ou deniers[3] pour en acheter une autre. Hélas! ma pauvre cognée! » Jupiter tenait conseil sur certaines affaires urgentes [...] Mais tant fut grande l'exclamation de Couillatris qu'elle fut entendue en plein conseil et consistoire[4] des dieux.

[Jupiter énumère longuement les grandes affaires politiques qu'il lui faut régler sur terre et s'énerve d'entendre les cris de ce Couillatris. On lui explique ce qu'il en est. Il ordonne qu'on donne à ce braillard trois cognées: l'une en or, une autre en argent et la sienne en bois.]

S'il prend la sienne et s'en contente, donnez-lui les deux autres. S'il prend une des deux autres, coupez-lui la tête avec la sienne propre.

[*Couillatris prend la sienne propre.*]

Souhaitez donc médiocrité: elle vous arrivera et encore mieux, en labourant et travaillant.

LA FABLE AU XVIIe SIÈCLE

En 1610 paraît *Mythologia æsopica*, recueil d'Isaac Nevelet qui comprend une *Vie d'Ésope*, les fables d'Ésope traduites en latin et celles de Phèdre. Ce recueil sera sans cesse réédité durant tout le XVIIe siècle. Cependant, d'autres auteurs composent de nouvelles fables pour mieux les adapter au contexte de leur époque.

---

1. **Bûcheteurs**: bûcherons.
2. **Oraisons**: prières.
3. **Deniers**: pièces d'argent.
4. **Consistoire**: dans la religion catholique, assemblée des cardinaux sous la présidence du pape.

■ Mathurin Régnier et la fable satirique

Mathurin Régnier (1573-1613) est de ces auteurs qui accentuent le caractère satirique de la fable. Auteur d'élégies et d'épîtres, il consacre sa *Troisième Satire* aux vices et aux dangers de la vie de cour. Celle-ci s'achève sur la fable du « Loup, de la Lionne et du Mulet ».

Texte 6

SATIRE

MATHURIN RÉGNIER, *Satire III* (1613, publication posthume), orthographe modernisée.

Un loup affamé rencontre par hasard une lionne, également affamée. Redoutant d'être dévoré, le loup commence par flatter la lionne. Heureusement pour lui, voici que survient un « mulet gros et gras ». Le loup et la lionne comptent en faire leur dîner. Mais le mulet ne s'en laisse pas compter. La fable se termine sur une critique des moines et des religieux, aussi peu fins que le loup et la lionne.

[Ils] s'approchent tous deux assez près de la bête.
Le loup qui la connaît, malin et défiant[1],
Lui regardait aux pieds, lui parlait en riant :
D'où es-tu ? Qui es-tu ? Quelle est ta nourriture,
5   Ta race, ta maison, ton maître, ta nature ?
Le mulet, étonné de ce nouveau discours,
De peur ingénieux[2], aux ruses eut recours,
Et comme les Normands[3], sans lui répondre, voire[4] :
Compère, ce dit-il, je n'ai point de mémoire.
10 Et comme sans esprit ma grand-mère me vit,
Sans m'en dire autre chose, au pied me l'écrivit.

---

1. Défiant : méfiant.

2. De peur ingénieux : rendu ingénieux, inventif par la peur.

3. Les Normands ont la réputation de ne jamais répondre franchement ni « oui » ni « non ».

4. Voire : vraiment (dans le cas d'une réponse ironique ou dubitative).

Lors il lève la jambe au jarret ramassée
Et d'un œil innocent il couvrait sa pensée,
Se tenant suspendu sur les pieds en avant.
15 Le loup qui s'en aperçoit, se lève de devant,
S'excusant de ne lire, avecque[1] cette parole,
Que les loups de son temps n'allaient point à l'école.
Quand la chaude lionne à qui l'ardente faim
Allait précipitant la rage et le dessein
20 S'approche, plus savante en volonté de lire,
Le mulet prend le temps et du grand coup qu'il tire,
Lui enfonce la tête, et d'une certaine façon,
Qu'elle ne savait point, lui apprit sa leçon.
Alors le loup s'enfuit voyant la bête morte
25 Et de son ignorance ainsi se réconforte.
N'en déplaise aux docteurs, Cordeliers, Jacobins[2],
Pardieu, les plus grands clercs[3] ne sont pas les plus fins.

■ La Fontaine et le renouvellement de la fable

Bien qu'il pratique un genre littéraire très ancien, La Fontaine le renouvelle totalement, au point de le recréer. Avec lui, la fable change de visage. C'est particulièrement visible dans les livres VII à IX (et, au-delà, dans les livres X à XII), dont l'« Avertissement » souligne l'originalité. La Fontaine renouvelle en effet la forme, les personnages et les thèmes de la fable.

---

1. Avecque : avec.
2. Docteurs : docteurs en droit et docteurs en médecine ; **Cordeliers** : nom d'un ordre religieux, ainsi nommé d'après la *corde* qui leur servait de ceinture ; **Jacobins** : nom d'un ordre religieux, qui se consacrait à porter la parole chrétienne.
3. Les plus grands clercs : les plus savants ; un clerc était alors celui qui étudiait pour devenir prêtre.

• Le renouvellement de la forme

Les fables publiées à partir de 1678 s'éloignent de la brièveté originelle du genre. Les indications de lieu, de temps, les notations de décor, autrement dit toutes les particularités d'une scène ou d'un événement, prennent de l'ampleur. C'est ce qu'on appelait alors les «circonstances de choses». Parallèlement, les «circonstances de personnes» détaillent l'identité des personnages, leurs goûts, leurs habitudes. Les fables empruntent enfin au récit dramatique comme dans «Les Animaux malades de la peste» (VII, 1) ou «Jupiter et les Tonnerres» (VIII, 20). D'autres fables sont des débats : par exemple sur la démagogie («La Tête et la Queue du Serpent», VII, 16). D'autres encore prennent la forme d'une dissertation philosophique, comme le long «Discours à Madame de La Sablière» qui clôt le livre IX.

Texte 7

FABLE

LA FONTAINE, « Le Songe d'un habitant du Mogol », *Fables*, XI, 4.

Cette fable est un exemple de ce renouvellement de la forme. Elle développe les « circonstances », tout autant de « choses » que de « personnes », elle emprunte au domaine du rêve et elle est empreinte d'un lyrisme discret, où s'entendent les confidences du poète. On est très loin du modèle ésopique. Un ermite, homme en principe pieux, se retrouve aux Enfers tandis qu'un Vizir, homme riche et puissant, est heureux. Voilà de quoi étonner : ce devrait être l'inverse !

Le Songe d'un habitant du Mogol

Jadis certain Mogol[1] vit en songe un Vizir[2]
Aux Champs Élysiens[3] possesseur d'un plaisir

---

1. Mogol : puissant prince de l'Inde (le mot désigne à la fois le pays et ses habitants).
2. Vizir : ministre d'un souverain musulman.
3. Champs Élysiens : Champs Élysées, séjour des morts dans la mythologie gréco-romaine.

Aussi pur qu'infini, tant en prix qu'en durée ;
Le même songeur vit en une autre contrée
     Un Ermite[1] entouré de feux,
Qui touchait de pitié même les malheureux.
Le cas parut étrange, et contre l'ordinaire :
Minos[2] en ces deux morts semblait s'être mépris.
Le dormeur s'éveilla, tant il en fut surpris.
Dans ce songe pourtant soupçonnant du mystère,
     Il se fit expliquer l'affaire.
L'interprète lui dit : « Ne vous étonnez point ;
Votre songe a du sens ; et, si j'ai sur ce point
     Acquis tant soit peu d'habitude,
C'est un avis des Dieux. Pendant l'humain séjour,
Ce Vizir quelquefois cherchait la solitude ;
Cet Ermite aux Vizirs allait faire sa cour. »

Si j'osais ajouter au mot de l'interprète,
J'inspirerais ici l'amour de la retraite :
Elle offre à ses amants des biens sans embarras,
Biens purs, présents du Ciel, qui naissent sous les pas.
Solitude où je trouve une douceur secrète,
Lieux que j'aimai toujours, ne pourrais-je jamais,
Loin du monde et du bruit, goûter l'ombre et le frais ?
Oh ! qui m'arrêtera sous vos ombres asiles !
Quand pourront les neuf Sœurs[3], loin des cours et des villes,
M'occuper tout entier, et m'apprendre des Cieux
Les divers noms et les vertus de ces clartés errantes[4]
Par qui sont nos destins et nos mœurs différentes !
Que si je ne suis né pour de si grands projets,

---

1. Ermite : moine vivant dans la solitude pour prier et faire pénitence.
2. Minos : nom du juge des Enfers, qui sauve ou damne.
3. Les neuf Sœurs : les neuf Muses, qui président aux arts.
4. Clartés errantes : planètes.

Du moins que les ruisseaux m'offrent de doux objets !
Que je peigne en mes vers quelque rive fleurie !
La Parque[1] à filets d'or n'ourdira[2] point ma vie ;
Je ne dormirai point sous de riches lambris[3] ;
35 Mais voit-on que le somme en perde son prix ?
En est-il moins profond, et moins plein de délices ?
Je lui voue au désert de nouveaux sacrifices[4].
Quand le moment viendra d'aller trouver les morts,
J'aurai vécu sans soins[5], et mourrai sans remords.

• **Le renouvellement des personnages**

La fable ésopique est presque exclusivement animalière. Les livres VII à IX de La Fontaine, eux, mettent plus volontiers en scène des êtres humains. La fable y devient un univers enchanté où non seulement les animaux conversent avec les hommes mais où les végétaux font leur apparition, comme dans « Le Gland et la Citrouille » (IX, 4). Les objets s'animent, avec le Coche (« Le Coche et la Mouche », VII, 8) ou le Cierge (« Le Cierge », IX, 12). Des allégories prennent vie : la mort parle (« La Mort et le Mourant », VIII, 1) et « L'Éducation » est illustrée par la destinée de deux chiens, Laridon et César (VIII, 24). Une fable a pour titre « L'Ingratitude et l'Injustice des hommes envers la Fortune » (VII, 13). Une autre traite de la science (« L'Avantage de la science », VIII, 19).

> **L'allégorie**
> L'allégorie est une figure de style qui consiste à personnifier une idée. Par exemple, la mort est représentée sous la forme d'une faucheuse ou l'amour par Cupidon lançant des flèches.

---

1. La Parque : une des trois Parques, qui filent la vie des hommes sur un fuseau.
2. N'ourdira : n'arrangera.
3. Lambris : décorations somptueuses.
4. Comprendre : je fais des sacrifices au dieu du sommeil, c'est-à-dire je dors.
5. Sans soins : sans soucis, sans inquiétudes.

Même les animaux, personnages pourtant traditionnels de l'univers des fables, participent à ce renouvellement général. Non seulement ils se comportent de plus en plus comme des hommes mais encore ils vivent en société, à l'image même de la société humaine. Ils ont un roi, sont aristocrates, bourgeois ou artisans. Comme les hommes, les animaux possèdent désormais des convictions philosophiques ou religieuses, invoquant par exemple le Ciel (« Les Animaux malades de la peste », VII, 1). Voici comment ils instruisent le procès de l'homme, qu'ils accusent de cruauté et d'ingratitude.

FABLE

LA FONTAINE, « L'Homme et la Couleuvre », *Fables*, X, 1.

Un Homme veut tuer une Couleuvre, qu'il juge comme étant un animal méchant. La Couleuvre se révolte : le plus méchant, dit-elle, est l'Homme. Un débat s'engage. Pour le trancher, l'Homme et le serpent font appel au témoignage d'une Vache. Celle-ci dresse contre l'Homme un réquisitoire sans appel.

L'Homme et la Couleuvre

Un Homme vit une Couleuvre.
« Ah ! méchante, dit-il, je m'en vais faire une œuvre[1]
   Agréable à tout l'univers. »
   À ces mots, l'animal pervers
5   (C'est le Serpent que je veux dire
Et non l'Homme : on pourrait aisément s'y tromper),
À ces mots, le Serpent, se laissant attraper,
Est pris, mis en un sac ; et, ce qui fut le pire,
On résolut sa mort, fût-il coupable ou non.

---

1. Œuvre : au sens moral d'« action charitable ».

10   Afin de le payer toutefois de raison[1],
          L'autre lui fit cette harangue[2] :
      « Symbole des ingrats ! être bon aux méchants,
      C'est être sot ; meurs donc : ta colère et tes dents
      Ne me nuiront jamais. » Le Serpent, en sa langue,
15   Reprit du mieux qu'il put : « S'il fallait condamner
          Tous les ingrats qui sont au monde,
          À qui pourrait-on pardonner ?
      Toi-même tu te fais ton procès. Je me fonde
      Sur tes propres leçons ; jette les yeux sur toi.
20   Mes jours sont entre tes mains, tranche-les : ta justice,
      C'est ton utilité, ton plaisir, ton caprice ;
          Selon ces lois condamne-moi ;
          Mais trouve bon qu'avec franchise
          En mourant au moins je te dise
25   Que le symbole des ingrats
      Ce n'est point le Serpent, c'est l'Homme. » Ces paroles
      Firent arrêter l'autre ; il recula d'un pas.
      Enfin il repartit : « Tes raisons sont frivoles :
      Je pourrai décider, car ce droit m'appartient ;
30   Mais rapportons-nous-en[3]. — Soit fait[4] », dit le reptile.
      Une Vache était là, l'on l'appelle, elle vient ;
      Le cas est proposé. C'était chose facile.
      « Fallait-il pour cela, dit-elle, m'appeler ?
      La Couleuvre a raison ; pourquoi dissimuler ?
35   Je nourris celui-ci[5] depuis longues années ;
      Il n'a sans mes bienfaits passé nulles journées ;

---

1. Afin de le payer toutefois de raison : il fallut toutefois lui donner une raison, une explication.

2. Harangue : discours.

3. Rapportons-nous : appelons-en au jugement d'une tierce personne.

4. Soit fait : qu'il soit ainsi fait.

5. Celui-ci : l'homme.

Tout n'est que pour lui seul ; mon lait et mes enfants
Le font à la maison revenir les mains pleines ;
Même j'ai rétabli sa santé, que les ans
40   Avaient altérée, et mes peines
Ont pour but son plaisir ainsi que son besoin.
Enfin me voilà vieille ; il me laisse en un coin
Sans herbe ; s'il voulait encor[1] me laisser paître !
Mais je suis attachée ; et si j'eusse eu pour maître
45 Un Serpent, eût-il su jamais pousser si loin
L'ingratitude ? Adieu : j'ai dit ce que je pense. »
[…]

• Le renouvellement des thèmes

Comme le suggère la dédicace « À Madame de Montespan » (alors maîtresse de Louis XIV), en tête du livre VII, les fables s'adressent non plus aux enfants mais aux adultes.

Elles résonnent en effet des échos de l'actualité et de la politique. « Les Devineresses » (VII, 14) font référence à une sinistre affaire de poisons qui défraya la chronique judiciaire et politique dans les années 1676-1680. Les allusions à la guerre de Hollande sont fréquentes. Depuis 1675, la France doit combattre l'alliance de la Hollande, de l'Espagne et de l'Empire autrichien.

La Fontaine laisse enfin transparaître ses préoccupations philosophiques. L'important « Discours à Madame de La Sablière » (fin du livre IX) est un plaidoyer en faveur de l'intelligence des bêtes, plus sensibles qu'on ne l'imaginait jusqu'alors, lequel, de nos jours, prend des accents résolument modernes.

---

1. Encor : encore (licence poétique).

FABLE

LA FONTAINE, « Le Paysan du Danube », *Fables*, XI, 7.

Cette fable, longue de près de cent vers, relate le discours qu'un « certain paysan des rives du Danube », alors sous domination romaine, prononça à Rome devant les sénateurs. C'est un réquisitoire contre la politique d'expansion territoriale, voire, avant la lettre, du colonialisme et qui préfigure le célèbre Supplément au Voyage de Bougainville, *de Diderot, au siècle suivant.*

Le Paysan du Danube

[…]
Craignez, Romains, craignez que le Ciel quelque jour
Ne transporte chez vous les pleurs et la misère ;
En mettant en nos mains, par un juste retour,
5   Les armes dont se sert sa vengeance sévère,
        Il ne vous fasse en sa colère
        Nos esclaves à votre tour.
Et pourquoi sommes-nous les vôtres ? Qu'on me die[1]
En quoi vous valez mieux que cent peuples divers.
10 Quel droit vous a rendus maîtres de l'univers ?
Pourquoi venir troubler une innocente vie ?
Nous cultivions en paix d'heureux champs, et nos mains
Étaient propres aux arts ainsi qu'au labourage :
        Qu'avez-vous appris aux Germains ?
15   Ils ont l'adresse et le courage ;
        S'ils avaient eu l'avidité,
        Comme vous, et la violence,
Peut-être en votre place ils auraient la puissance,
Et sauraient en user sans inhumanité.
20 […]

---

1. Die : dise.

Avec La Fontaine, la fable ne se contente donc plus d'être didactique, de dispenser un savoir immémorial. Elle se fait l'écho des interrogations et des problèmes d'une époque, des tourments d'un esprit qui réfléchit sur la vie, le temps qui passe, l'amour, l'amitié, la mort. Tour à tour lyrique, tragique, comique, empruntant au récit, au conte, au théâtre, elle devient un genre littéraire à part entière, et un genre poétique. Dans la longue histoire de la fable, il y un avant et un après La Fontaine.

LA FABLE AU XVIIIe SIÈCLE

La fable ne disparaît pas avec la mort de La Fontaine. Le très rationaliste XVIIIe siècle aima la pratiquer. Auteur des articles « Ferme » et « Financiers » de l'*Encyclopédie*, Charles-Étienne Pesselier (1712-1763) publie en 1748 un recueil de *Fables nouvelles*. Dramaturge, Henri Richer (1685-1748) fait paraître, quant à lui, douze livres de fables entre 1725 et 1748.

Nombre de ces fables se situent dans le sillage de celles de La Fontaine. Certaines prennent toutefois un air et un aspect nouveaux. La souplesse du genre leur permet de s'adapter à la vie des salons[1], dont le développement est alors considérable. Les hommes en sont plus fréquemment les personnages ; et les thèmes sont ceux d'une vie sociale la plus harmonieuse possible, célébrant l'amitié, les plaisirs de la conversation, l'intérêt du débat.

Houdar de la Motte, Voltaire et Florian écrivent ainsi des fables pour véhiculer ou vulgariser leurs idées et leurs convictions.

---

1. Salons : réunions de personnalités du monde des lettres, des arts, de la politique qui, aux XVIIe et XVIIIe siècles, se tenaient chez des femmes de l'aristocratie.

■ Houdar de la Motte et la fable mondaine

Fils d'un chapelier parisien, Antoine Houdar de la Motte (1672-1731) est l'auteur de tragédies, d'un opéra, *Issé*, de poésies diverses et de fables qu'il réunit dans un recueil en 1719.

La fable des « Amis trop d'accord » est une réécriture de celle des « Deux Amis » de La Fontaine (VIII, 11 ; voir ci-dessus p. 87). Le goût du débat, de l'échange d'idées porte la marque du XVIIIe siècle naissant. Son dernier vers est devenu célèbre, sans que l'on se souvienne toujours de son auteur, élu en 1710 à l'Académie française.

FABLE

HOUDAR DE LA MOTTE, « Les Amis trop d'accord », *Fables nouvelles*, (1719).

Quatre Amis ne sont d'accord sur rien et s'opposent donc en permanence sur tout. Fatigués de toujours débattre, ils supplient Apollon de faire régner l'harmonie entre eux. Les voici bientôt toujours du même avis. Et du coup ils s'ennuient !

Les Amis trop d'accord

Il était quatre Amis, qu'assortit la fortune[1] ;
Gens de goût et d'esprit divers.
L'un était pour la blonde, et l'autre pour la brune ;
Un autre aimait la prose et celui-là les vers.
5   L'un prenait-il l'endroit ? L'autre prenait l'envers.
Comme toujours quelque dispute[2]
Assaisonnait leur entretien ;
Un jour on s'échauffa[3] si bien
Que l'entretien devint presque une lutte.

---

1. Qu'assortit la fortune : que réunit le hasard.
2. Dispute : débat très animé.
3. On s'échauffa : on s'énerva.

10   Les poumons l'emportaient; raison n'y faisait rien.
     « Messieurs, dit l'un d'eux, quand on s'aime[1],
     Qu'il serait doux d'avoir même goût, mêmes yeux!
     Si nous sentions, si nous pensions de même,
     Nous nous aimons beaucoup, nous nous aimerions mieux. »
15   Chacun étourdiment fut d'avis du problème,
     Et l'on se proposa d'aller prier les dieux
     De faire en eux ce changement extrême.
     Ils vont au temple d'Apollon
     Présenter leur humble requête[2];
20   Et le dieu sur-le-champ, dit-on,
     Des quatre ne fit qu'une tête,
     C'est-à-dire qu'il leur donna
     Sentiments tout pareils et pareilles pensées.
     L'un comme l'autre raisonna.
25   « Bon, dirent-ils, voilà les disputes chassées. »
     Oui, mais aussi voilà tout charme évanoui;
     Plus d'entretien qui les amuse.
     Si quelqu'un parle, ils répondent tous: « Oui ».
     C'est désormais entre eux le seul mot dont on use.
30   L'ennui vint: l'amitié s'en sentit altérée.
     Pour être trop d'accord nos gens se désunissent.
     Ils cherchèrent enfin, n'y pouvant plus durer,
     Des amis qui les contredisent.

     C'est un grand agrément que la diversité:
35   Nous sommes bien comme nous sommes.
     Donnez le même esprit aux hommes,
     Vous ôtez tout le sel de la société[3].
     L'ennui naquit un jour de l'uniformité.

---

1. Quand on s'aime: quand on éprouve une sincère et profonde amitié.
2. Requête: prière.
3. Le sel de la société: l'esprit et le charme de la vie en société.

■ Voltaire, la fable comme plaidoyer en faveur des animaux

Dramaturge, historien, philosophe, conteur, Voltaire (1694-1778) est un auteur prolixe. Infatigable partisan des Lumières, il rédigea, à côté de ses contes (*Candide, L'Ingénu, Micromégas*, pour ne citer que les plus célèbres), des *Dialogues philosophiques* moins connus mais tout aussi militants.

Texte 11 — DIALOGUE PHILOSOPHIQUE

VOLTAIRE, extrait du *Dialogue du Chapon et de la Poularde* (1765).

Parmi ces Dialogues *figure le* Dialogue du Chapon et de la Poularde. *Le Chapon, jeune coq châtré, et la Poularde, jeune poule, que l'on engraisse, s'inquiètent d'autant plus de leur avenir qu'approchent les fêtes de fin d'année. Tous deux se plaignent de la cruauté des hommes à leur égard.*

LA POULARDE. – Que la gourmandise a d'affreux préjugés ! J'entendais l'autre jour, dans cette espèce de grange qui est près de notre poulailler, un homme qui parlait seul[1] devant d'autres hommes qui ne parlaient point ; il s'écriait que « Dieu avait fait un pacte avec nous
5 et avec ces autres animaux appelés hommes ; que Dieu leur avait défendu de se nourrir de notre sang et de notre chair[2] » ; comment peuvent-ils ajouter à cette défense positive[3] la permission de dévorer nos membres bouillis ou rôtis ? Il est impossible, quand ils nous ont coupé le cou, qu'il ne reste beaucoup de sang dans nos veines ; ce sang
10 se mêle nécessairement à notre chair ; ils désobéissent donc visiblement à Dieu en nous mangeant. De plus, n'est-ce pas un sacrilège de tuer et de dévorer des gens avec qui Dieu a fait un pacte ? Ce serait

---

1. Il s'agit d'un prêtre prononçant son sermon devant une assemblée de catholiques.

2. « Seulement, vous ne mangerez point de chair avec son âme, c'est-à-dire avec son sang », dit Dieu dans la Bible aux fils de Noé (Genèse, IX, 4).

3. Défense positive : défense nettement formulée.

un étrange traité que celui dont la seule clause serait de nous livrer à la mort. Ou notre Créateur n'a point fait de pacte avec nous, ou c'est un crime de nous tuer et de nous faire cuire, il n'y a pas de milieu.

LE CHAPON. – Ce n'est pas la seule contradiction qui règne chez ces monstres, nos éternels ennemis. Il y a longtemps qu'on leur reproche qu'ils ne sont d'accord en rien. Ils ne font des lois que pour les violer; et, ce qu'il y a de pis, c'est qu'ils les violent en conscience[1]. Ils ont inventé cent subterfuges, cent sophismes[2] pour justifier leurs transgressions. Ils ne se servent de la pensée que pour autoriser leurs injustices, et n'emploient les paroles que pour déguiser leurs pensées. Figure-toi que dans le petit pays où nous vivons, il est défendu de nous manger deux jours de la semaine[3] : ils trouvent bien moyen d'éluder la loi[4]; d'ailleurs cette loi, qui te paraît favorable, est très barbare; elle ordonne que ces jours-là on mangera des habitants des eaux, ils vont chercher des victimes au fond des mers et des rivières. Ils dévorent des créatures dont une seule coûte souvent plus de la valeur de cent chapons[5] : ils appellent cela jeûner, se mortifier[6]. Enfin je ne crois pas qu'il soit possible d'imaginer une espèce plus ridicule à la fois et plus abominable, plus extravagante et plus sanguinaire.

---

1. En conscience : en toute connaissance de cause.

2. Sophismes : raisonnements logiques en apparence mais en réalité totalement faux.

3. Deux jours de la semaine : le vendredi (jour de la crucifixion de Jésus) et le samedi (jour de shabbat, repos que les juifs doivent observer du vendredi au coucher du soleil au samedi au coucher du soleil).

4. Éluder la loi : contourner habilement la loi.

5. Le poisson, qu'il fallait pêcher puis transporter tout en le gardant au frais, coûtait alors très cher.

6. Se mortifier : s'imposer des sacrifices et des souffrances dans l'intention de racheter ses péchés.

■ Florian et la fable sociale

Petit-neveu de Voltaire, dramaturge, romancier, poète, Jean-Pierre Claris de Florian (1755-1794) est sans doute le plus grand fabuliste de son temps. Célèbre pour ses comédies (*Le Bon Ménage*) et ses romans galants et pastoraux (*Galatée*), il accrut encore sa renommée par des recueils de fables qu'il publia en 1792, deux ans avant sa mort.

Dans la fable suivante, la solidarité des handicapés vaut dénonciation d'une double indifférence: celle du ciel et celle d'autrui, des bien portants. C'est un appel à dépasser les égoïsmes et à ne pas désespérer: il revient aux hommes, et à eux seuls, d'organiser au mieux la vie sociale

Texte 12 — FABLE

FLORIAN, « L'Aveugle et le Paralytique », *Fables* (1792).

« L'Aveugle et le Paralytique » emprunte à l'orientalisme alors en vogue et célèbre les vertus de l'entraide. Deux malheureux ne parviennent à survivre qu'en s'aidant mutuellement.

L'Aveugle et le Paralytique

Dans une ville de l'Asie
Il existait deux malheureux,
L'un perclus[1], l'autre aveugle, et pauvres tous les deux.
Ils demandaient au ciel de terminer leur vie;
5   Mais leurs cris étaient superflus,
Ils ne pouvaient mourir. Notre Paralytique,
Couché sur un grabat[2] dans la place publique,
Souffrait sans être plaint; il en souffrait bien plus.
L'Aveugle, à qui tout pouvait nuire,
10 Était sans guide, sans soutien,
Sans avoir même un pauvre chien

---

1. Perclus: privé de la possibilité de se mouvoir, de marcher.
2. Grabat: lit misérable.

Pour l'aimer et pour le conduire.
Un certain jour il arriva
Que l'Aveugle, à tâtons, au détour d'une rue,
15   Près du malade se trouva :
Il entendit ses cris ; son âme en fut émue.
Il n'est tel que les malheureux
Pour se plaindre les uns les autres.
« J'ai mes maux, lui dit-il, et vous avez les vôtres,
20   Unissons-les, mon frère ; ils seront moins affreux.
– Hélas ! dit le perclus, vous ignorez, mon frère,
Que je ne puis faire un seul pas ;
Vous-même vous n'y voyez pas :
À quoi bon nous servirait d'unir notre misère ?
25   – À quoi ? répond l'Aveugle ; écoutez : à nous deux
Nous possédons le bien à chacun nécessaire ;
J'ai des jambes et vous des yeux :
Moi, je vais vous porter : vous, vous serez mon guide ;
Vos yeux dirigeront mes pas mal assurés ;
30   Mes jambes, à leur tour, iront où vous voudrez.
Ainsi, sans que jamais notre amitié décide
Qui de nous deux remplit le plus utile emploi,
Je marcherai pour vous, vous y verrez pour moi. »

LA FABLE AU XIXᵉ SIÈCLE

Siècle du réalisme, le XIXᵉ siècle n'en a pas pour autant négligé la fable en raison même de sa force didactique. Ce siècle qui fit naître en poésie le symbolisme a vu dans la fable une source quasi inépuisable d'allégories.

Ainsi, les plus grands poètes en ont écrit. Baudelaire innove en composant une fable-sonnet ; Hugo, qui voit dans la fable un jeu littéraire, la tire vers le conte de fées ; Vigny donne à la fable une coloration philosophique.

■ Baudelaire et la fable-sonnet

Poète de la modernité, Baudelaire (1821-1867) est l'auteur des *Fleurs du mal* (1857). S'il y privilégie les sonnets, certains d'entre eux sont en fait des fables. Preuve supplémentaire que la fable est un genre malléable, qui ne possède pas de forme fixe.

POÉSIE

Texte 13

CHARLES BAUDELAIRE, « Les Hiboux », *Les Fleurs du mal* (1857).

Appartenant à la première section, « Spleen et Idéal », des Fleurs du mal, *le sonnet des « Hiboux » illustre le mal de vivre du poète. Comme dans la tradition ésopique, le sonnet comporte un récit animalier (les deux quatrains) puis une « moralité » (les deux tercets) : les hiboux enseignent à l'homme qu'il faut fuir l'agitation et le divertissement, tout ce qui le détourne de réfléchir sur sa condition mortelle.*

Les Hiboux

Sous les ifs noirs qui les abritent,
Les hiboux se tiennent rangés
Ainsi que des dieux étrangers
Dardant leur œil rouge[1]. Ils méditent.

5   Sans remuer ils se tiendront
Jusqu'à l'heure mélancolique
Où, poussant le soleil oblique,
Les ténèbres s'établiront.

Leur attitude au sage enseigne
10 Qu'il faut en ce monde qu'il craigne
Le tumulte et le mouvement.

---

1. Dardant leur œil rouge : lançant comme une flèche leur regard rouge.

L'homme ivre d'une ombre qui passe
Porte toujours le châtiment
D'avoir voulu changer de place.

■ Hugo, la fable comme jeu littéraire

Chef de file de l'école romantique, théoricien du drame romantique (*Cromwell*, 1827), dramaturge (*Hernani*, 1830), romancier (*Les Misérables*, 1862), poète, l'un des plus grands de son temps (*Les Contemplations, 1856*), Victor Hugo a pratiqué tous les genres littéraires.

Toute la lyre regroupe des poèmes composés entre 1854 et 1875 et qui ont été publiés après la mort de Hugo en 1897 (édition définitive).

Le poème qui suit, tout en alexandrins, est à la fois un conte et une fable, mêlant divers registres de langage, du plus familier au plus littéraire, et jouant sur le comique et le tragique. Au conte, le poème emprunte le merveilleux féerique; à la fable, son personnage central et sa valeur didactique. La fable devient un jeu et un exercice de virtuosité.

> **Conte et fable**
>
> Comme le conte, la fable fait souvent appel au merveilleux. Mais, à la différence de la fable, le conte ne délivre pas obligatoirement d'enseignement moral.

Texte 14 — POÈME

VICTOR HUGO, « Quiconque est amoureux… », *Toute la lyre,* VII, 11 (1897, édition posthume).

Voici un ours amoureux fou d'une fée, laquelle a un fils « on ne sait pas de qui ». Comme la fée est absente et que l'ours s'ennuie, il finit par manger le fils de la fée. Moralité, sous l'aspect plaisant de la fable : qui est amoureux en oublie toute raison.

Quiconque est amoureux...

Quiconque est amoureux est esclave et s'abdique[1].
L'amour n'est pas l'amour ; il s'appelle Ananké[2].
Si l'on ne veut pas être à la porte flanqué,
Dès qu'on aime une belle, on s'observe, on se scrute ;
5   On met le naturel de côté ; bête brute,
On se fait ange ; on est le nain Micromégas[3] ;
Surtout on ne fait point chez elle de dégâts ;
On se tait, on attend ; jamais on ne s'ennuie,
On trouve bon le givre, et la bise et la pluie,
10 On n'a ni faim, ni soif, on est de droit[4] transi[5] ;
Un coup de dent de trop vous perd. Oyez[6] ceci :
Un brave ogre des bois, natif de Moscovie[7],
Était fort amoureux d'une fée, et l'envie
Qu'il avait d'épouser cette dame s'accrut
15 Au point de rendre fou ce pauvre cœur tout brut ;
L'ogre un beau jour d'hiver peigne sa peau velue,
Se présente au palais de la fée, et salue,
Et s'annonce à l'huissier[8] comme prince Ogrousky.
La fée avait un fils, on ne sait pas de qui.

---

1. S'abdique : renonce à soi-même.
2. Ananké : personnification de la destinée, de la fatalité dans la mythologie grecque.
3. Micromégas : héros du conte de Voltaire (1752) du même nom ; de par son patronyme, Micromégas illustre la relativité : il est petit (« micro ») et grand (« méga ») selon que ceux qu'il rencontre sont plus grands ou plus petits que lui.
4. De droit : par principe.
5. Transi : au sens premier, « être pénétré de froid » ; au sens second, « être la proie d'un sentiment violent ». Hugo joue sur les deux sens : un amoureux transi est un amoureux qui n'ose pas déclarer sa flamme.
6. Oyez : écoutez (impératif du vieux verbe *ouïr*).
7. Moscovie : région de Moscou.
8. Huissier : domestique chargé d'introduire les visiteurs dans un palais royal, princier ou aristocratique.

20　Elle était ce jour-là sortie, et quant au mioche,
　　Bel enfant blond nourri de crème et de brioche,
　　Don fait par quelque Ulysse à cette Calypso[1],
　　Il était sous la porte et jouait au cerceau.
　　On laissa l'ogre et lui tout seuls dans l'antichambre.
25　Comment passer le temps quand il neige en décembre,
　　Et quand on n'a personne avec qui dire un mot ?
　　L'ogre se mit alors à croquer le marmot.
　　C'est très simple. Pourtant c'est aller un peu vite,
　　Même lorsqu'on est ogre et qu'on est moscovite,
30　Que de gober[2] ainsi les mioches du prochain.
　　Le bâillement d'un ogre est frère de la faim.

　　Quand la dame rentra, plus d'enfant. On s'informe.
　　La fée avise l'ogre avec sa bouche énorme.
　　As-tu vu, cria-t-elle, un bel enfant que j'ai ?
35　Le bon ogre naïf lui dit : Je l'ai mangé.
　　Or, c'était maladroit. Vous qui cherchez à plaire,
　　Jugez ce que devint l'ogre devant la mère
　　Furieuse qu'il eût soupé de son dauphin.

■ Vigny et la fable philosophique

Aristocrate qui ne croit plus en la monarchie, officier de carrière désenchanté du métier des armes, amant passionné et trahi, Alfred de Vigny (1797-1863) se refuse aux épanchements romantiques de son époque. Il renoue avec la tradition fort ancienne de la poésie

---

1. Ulysse, Calypso : dans l'*Odyssée*, d'Homère, Ulysse, après avoir participé à la guerre contre Troie, tente de rentrer chez lui, dans l'île d'Ithaque, où l'attendent Pénélope, sa femme, et Télémaque, son fils. Son retour dure dix ans. Un naufrage le jette sur le rivage de l'île de la nymphe Calypso. Une idylle s'ensuit, un enfant naît. Mais, sur ordre des dieux, Ulysse devra repartir.
2. Gober : avaler sans mâcher.

philosophique, comme en témoigne le titre même de son recueil poétique : *Les Destinées*.

POÉSIE PHILOSOPHIQUE

Texte 15

ALFRED DE VIGNY, « La Mort du Loup », *Les Destinées* (1864, publication posthume).

*« La Mort du Loup » est un long poème philosophique, comme l'est le « Discours à Madame de La Sablière » de La Fontaine (*Fables*, IX ; voir ci-dessus p. 165). Mais le sujet et la tonalité en sont très différents : celui de Vigny est un appel à surmonter avec lucidité, dignité et courage les coups du sort. Ce long poème se rattache au genre de la fable par son récit animalier (une chasse à courre) et son évidente intention didactique : aux êtres humains de savoir mourir comme le Loup qui, poursuivi par une meute de chiens et de chasseurs, meurt avec noblesse.*

Le Loup vient et s'assied, les deux jambes dressées,
Par leurs ongles crochus dans le sable enfoncées.
Il s'est jugé perdu, puisqu'il était surpris,
Sa retraite coupée et tous ses chemins pris[1],
5   Alors il a saisi, dans sa gueule brûlante,
Du chien le plus hardi la gorge pantelante[2],
Et n'a pas desserré ses mâchoires de fer,
Malgré nos coups de feu, qui traversaient sa chair,
Et nos couteaux aigus qui, comme des tenailles,
10 Se croisaient en plongeant dans ses larges entrailles,
Jusqu'au dernier moment où le chien étranglé,
Mort longtemps avant lui, sous ses pieds a roulé.
Le Loup le quitte alors et puis il nous regarde.
Les couteaux lui restaient au flanc jusqu'à la garde[3],

---

1. Pris : barrés.
2. Pantelante : haletante.
3. La garde : le manche (du couteau).

15 Le clouaient au gazon tout baigné de son sang ;
    Nos fusils l'entouraient en sinistre croissant.
    Il nous regarde encore, ensuite il se recouche,
    Tout en léchant le sang répandu sur sa bouche,
    Et, sans daigner savoir comment il a péri,
20 Refermant ses grands yeux, meurt sans jeter un cri.

LA FABLE AU XXe SIÈCLE

Bien qu'il se soit voulu résolument moderne, le XXe siècle n'a pas oublié la fable. Des écrivains de toutes nationalités en ont composé : le Tchèque Franz Kafka, l'Anglais George Orwell ou encore l'Italien Dino Buzzati.

Née en Grèce, versifiée à Rome, la fable affirme ainsi sa vocation européenne : elle est de tous les pays. Son succès s'explique par sa capacité, une fois encore, à traduire les préoccupations d'une époque : l'absurde chez Kafka, la dénonciation des totalitarismes chez Orwell et Buzzati.

La fable est aussi le genre littéraire qui se prête le plus aux réécritures et aux jeux sur le langage, chez Jean Anouilh ou Raymond Queneau par exemple.

■ Kafka oriente la fable vers l'absurde

Né à Prague, Franz Kafka (1883-1924) est l'auteur de romans aujourd'hui mondialement connus, parmi lesquels *Le Procès* (1925, publication posthume), *Le Château* (1926, publication posthume) ainsi que la nouvelle intitulée *La Métamorphose* (1915).

Déshumanisation, enfermement de l'être, perte du langage, fonctionnement bureaucratique logique mais totalement absurde, atmosphère cauchemardesque ou angoissante sont des thèmes caractéristiques de son œuvre.

Texte 16 — NOUVELLE

FRANZ KAFKA, « La Petite Fable », *La Muraille de Chine*, traduit par Alexandre Vialatte, © Éditions Gallimard, 1950.

On retrouve certains de ces thèmes dans sa « Petite Fable », l'un des nombreux inédits de La Muraille de Chine. *À la brièveté de la fable ésopique, Kafka ajoute une dimension fantastique qui fait naître le sentiment d'un absurde inévitable et destructeur.*

— Hélas, dit la souris, le monde devient plus étroit chaque jour. Il était si grand autrefois que j'ai pris peur, j'ai couru, j'ai couru, et j'ai été contente de voir enfin, de chaque côté, des murs surgir à l'horizon, mais ces longs murs courent si vite à la rencontre l'un de l'autre que me voici déjà dans la dernière pièce, et j'aperçois là-bas le piège dans lequel je vais tomber.

— Tu n'as qu'à changer de direction, dit le chat en la dévorant.

■ Orwell et la fable politique

Anglais né aux Indes, George Orwell (1903-1950) fut tour à tour clochard à Paris, professeur en Angleterre, combattant républicain durant la guerre d'Espagne en 1936 et présentateur à la BBC durant la Seconde Guerre mondiale. Il est l'auteur de deux romans mondialement connus : *1984* et *La Ferme des animaux*, dans lesquels il dénonce les dangers des totalitarismes et des manipulations de la pensée.

Texte 17 — ROMAN

GEORGE ORWELL, *La Ferme des animaux* (1947), traduit de l'anglais par Jean Quéval, © Éditions Champs Libre/Ivrea, Paris, 1981 & 2009.

Dans « L'Homme et la Couleuvre » (Fables, X, 1), La Fontaine faisait mettre l'homme en accusation par les animaux. Orwell va plus loin : La Ferme des animaux *est l'histoire de leur révolte et de leur prise de pouvoir. Dans la « Ferme du Manoir », le cochon « Sage l'Ancien » appelle ses camarades à en finir avec la tyrannie de l'Homme.*

Tous les maux de notre vie sont dus à l'Homme, notre tyran. Débarrassons-nous de l'Homme, et nôtre sera le produit de notre travail. C'est presque du jour au lendemain que nous pourrions devenir libres et riches. À cette fin, que faut-il? Eh bien, travailler de jour et de nuit, corps et âme, à renverser la race des hommes. C'est là mon message, camarades. Soulevons-nous! Quand aura lieu le soulèvement, cela je l'ignore : dans une semaine peut-être ou dans un siècle. Mais aussi vrai que sous moi je sens la paille, tôt ou tard justice sera faite. Ne perdez pas de vue l'objectif, camarades, dans le temps compté qui vous reste à vivre. Mais avant tout, faites part de mes convictions à ceux qui viendront après vous, afin que les générations à venir mènent la lutte jusqu'à la victoire finale.

Et souvenez-vous-en, camarades : votre résolution ne doit jamais se relâcher. Nul argument ne vous fera prendre des vessies pour des lanternes[1]. Ne prêtez pas l'oreille à ceux selon qui l'Homme et les animaux ont des intérêts communs, à croire vraiment que de la prospérité de l'un dépend celle des autres. L'Homme ne connaît pas d'autres intérêts que les siens. Que donc prévalent[2], entre les animaux, au fil de la lutte, l'unité parfaite et la camaraderie sans faille. Tous les hommes sont nos ennemis. Les animaux entre eux sont tous camarades.

■ Buzzati oriente la fable vers le fantastique

Italien, Dino Buzzati (1906-1972) fut professeur de droit international avant de se consacrer à la littérature. Son roman le plus célèbre reste *Le Désert des Tartares*, publié en 1940 (traduit en français en 1949 et porté à l'écran en 1976).

---

1. Prendre des vessies pour des lanternes : commettre une grossière erreur.
2. Prévalent : l'emportent.

L'Écroulement de la Baliverna est un recueil de nouvelles, parmi lesquelles figure celle de « La Souris ». Année après année, des souris puis des rats prennent possession d'une maison au point d'en devenir les véritables maîtres et d'en épouvanter les occupants. À chacun de donner au pullulement des rongeurs la signification qui lui semble la meilleure. La nouvelle se rapproche de la fable dans la mesure où, après La Fontaine ou Orwell, se pose la question – ici lancinante – des rapports entre les hommes et les bêtes.

Nouvelle et fable

Bien qu'elle puisse être très courte, une nouvelle est en principe plus longue qu'une fable, et elle ne met pas obligatoirement en scène des animaux. Mais, quand elle le fait, elle s'apparente au genre de la fable.

Texte 18

NOUVELLE

DINO BUZZATI, « Les Souris », dans *L'Écroulement de la Baliverna* (1958 pour l'édition originale italienne ; 1960 pour la traduction française de Michel Breitman), © Éditions Robert Laffont.

Des souris et des rats envahissent progressivement une maison. Pour les chasser les propriétaires adoptent deux énormes chats. Le temps passe. Un ami de la famille de passage s'informe auprès du fils des propriétaires de ce que sont devenus les souris et les rats. C'est la catastrophe ! Les souris et les rats ont mangé les chats. Ils sont devenus les véritables maîtres de la maison. C'est la description d'un monde à l'envers où les animaux font subir aux hommes ce qu'eux-mêmes ont subi.

Si tu veux le savoir, les chats : eh bien, ce sont eux qui les ont fait disparaître… C'est arrivé pendant la nuit. On dormait depuis un bon bout de temps quand, soudain, des miaulements épouvantables nous ont réveillés. Il y avait un vrai sabbat[1] dans le salon !
5 On a tous sauté du lit, mais on n'a plus trouvé nos chats… Rien que des touffes de poils… des traces de sang un peu partout.

---

1. Sabbat : fête nocturne et terrifiante de sorciers et sorcières.

— Vous ne faites donc rien ? Les souricières ? Le poison ? Je ne comprends pas que ton père ne s'occupe pas de...

— Si ! C'est même devenu son cauchemar. Mais il a peur maintenant, lui aussi. Il prétend qu'il vaut mieux ne pas les provoquer, que ce serait pis encore. Il dit que cela ne servirait à rien d'ailleurs, qu'ils sont trop nombreux désormais... Il dit que la seule chose à faire serait de mettre le feu à la baraque... Et puis, et puis tu sais ce qu'il dit ? C'est peut-être idiot, mais il dit qu'il vaut mieux ne pas se mettre trop ouvertement contre eux...

— Contre qui ?

— Contre eux, les rats. Il dit qu'un jour, ils pourraient bien se venger... Je me demande, des fois, si papa n'est pas en train de devenir un peu fou. Est-ce que tu penses qu'un soir je l'ai surpris en train de jeter une grosse saucisse dans la cave ? Il les déteste mais il les craint. Et il ne veut pas les contrarier.

■ Anouilh réécrit et actualise La Fontaine

De nos jours, Jean Anouilh (1910-1987) est surtout connu comme dramaturge : il est l'auteur de comédies, parfois grinçantes, et de pièces plus graves, comme *Antigone* (1944) ou *Médée* (1946).

C'est aussi un fabuliste. Comme *Antigone* est, sur le plan dramatique, une réécriture de la tragédie de Sophocle, les fables d'Anouilh sont, sur un tout autre plan, une réécriture et une actualisation des fables de La Fontaine.

FABLE

Texte 19

JEAN ANOUILH, « La Cigale », *Fables* **(1962), © Éditions de la Table Ronde.**

*Pour apprécier « La Cigale », de Jean Anouilh, il faut la comparer avec son modèle lafontainien (*Fables, I, 1*) que nous reproduisons donc en premier.*

La Cigale et la Fourmi

La Cigale, ayant chanté
    Tout l'été,
Se trouva fort dépourvue
Quand la bise[1] fut venue.
5 Pas un seul petit morceau
De mouche ou de vermisseau.
Elle alla cria famine
Chez la Fourmi sa voisine,
La priant de lui prêter
10 Quelque grain pour subsister.
« Je vous paierai, lui dit-elle,
Avant l'oût[2], foi d'animal,
Intérêt et principal[3]. »
La Fourmi n'est pas prêteuse ;
15 C'est là son moindre défaut.
« Que faisiez-vous au temps chaud ?
Dit-elle à cette emprunteuse.
– Nuit et jour à tout venant
Je chantais, ne vous déplaise.
20 – Vous chantiez ? J'en suis fort aise :
Eh bien dansez maintenant. »

Voici comment Anouilh réécrit la fable de La Fontaine en la modernisant et en en prenant le contrepied. La Cigale n'est plus « dépourvue » : elle est devenue une chanteuse à succès et sa fortune est telle qu'elle ne sait comment la placer. Pour la faire fructifier, elle la confie donc à un Renard, qui rappelle celui du

---

[1]. **Bise** : vent froid du nord.
[2]. **Oût** : août, mois des moissons.
[3]. **Intérêt et principal** : intérêt et capital, comme dans tout remboursement d'un prêt.

« Corbeau et le Renard » de La Fontaine (*Fables*, I, 2). Réécriture et réminiscences littéraires deviennent un jeu, qui n'exclut pas la satire sociale et la peinture de la vie moderne.

La Cigale

La Cigale ayant chanté
Tout l'été,
Dans maints casinos, maintes boîtes
Se trouva fort bien pourvue
5   Quand la bise fut venue.
Elle en avait à gauche, elle en avait à droite,
Dans plusieurs établissements.
Restait à assurer un fécond placement.
Elle alla trouver un Renard,
10   Spécialisé dans les prêts hypothécaires[1]
Qui, la voyant entrer l'œil noyé sous le fard,
Tout enfantine et minaudière[2],
Crut qu'il tenait la bonne affaire.
« Madame, lui dit-il, j'ai le plus grand respect
15   Pour votre art et pour les artistes.
L'argent, hélas ! n'est qu'un aspect
Bien trivial, je dirais bien triste,
Si nous n'en avions tous besoin,
De la condition humaine.
20   L'argent réclame des soins.
Il ne doit pourtant pas devenir une gêne.
À d'autres qui n'ont pas vos dons de poésie
Vous qui planez, laissez, laissez le rôle ingrat

---

1. Prêts hypothécaires : prêts garantis sur un bien immobilier, dont on perd la propriété si l'on ne rembourse pas le prêt à la date convenue.
2. Minaudière : qui fait des façons, qui prend des airs affectés pour mieux séduire.

                    De gérer vos économies,
25   À trop de bas calculs votre art s'étiolera[1].
                    Vous perdriez votre génie.
                  Signez donc ce petit blanc-seing[2]
                    Et ne vous occupez de rien. »
                        Souriant avec bonhomie,
30   « Croyez, Madame, ajouta-t-il, je voudrais, moi,
       Pouvoir, tout comme vous, ne sacrifier qu'aux muses ! »
            Il tendait son papier. « Je crois que l'on s'amuse »,
                    Lui dit la Cigale, l'œil froid.
                  Le Renard, tout sucre et tout miel,
35   Vit un regard d'acier briller sous le rimmel.
                      « Si j'ai frappé à votre porte,
            Sachant le taux exorbitant que vous prenez,
              C'est que j'entends que la chose rapporte.
                    Je sais votre taux d'intérêt.
40   C'est le mien. Vous l'augmenterez
            Légèrement, pour trouver votre bénéfice.
                J'entends que mon tas d'or grossisse.
                    J'ai un serpent pour avocat.
              Il passera demain discuter du contrat. »
45   L'œil perdu, ayant vérifié son fard,
                        Drapée avec élégance
                      Dans une cape de renard
              (Que le Renard feignit de ne pas avoir vue),
                    Elle précisa en sortant :
50   « Je veux que vous prêtiez aux pauvres seulement. »
          (Ce dernier trait rendit au Renard l'espérance.)
              « Oui, conclut la Cigale au sourire charmant,

---

1. S'étiolera : dépérira.

2. Blanc-seing : signature apposée à l'avance sur un document dont la rédaction sera ultérieurement complétée. Signer un blanc-seing revient donc à donner une dangereuse carte blanche à quelqu'un.

On dit qu'en cas de non-paiement
D'une ou l'autre des échéances,
55 C'est eux dont on vend tout le plus facilement. »
Maître Renard qui se croyait cynique
S'inclina. Mais depuis, il apprend la musique.

■ Queneau parodie la Fontaine

« Oulipo » pour OUvroir de LIttérature POtentielle. Ce sigle a désigné en 1960 un groupe d'écrivains, de poètes et de mathématiciens désireux d'expérimenter de nouvelles formes littéraires. L'animateur le plus célèbre en est le romancier et poète Raymond Queneau (1903-1976), auteur notamment de *Zazie dans le métro* (1959) et du *Vol d'Icare* (1968).

RÉÉCRITURE OULIPIENNE

Texte 20

RAYMOND QUENEAU, « La Cimaise et la Fraction » dans *Oulipo, la littérature potentielle*, © Éditions Gallimard, 1973.

Dans le cadre de l'Oulipo, Queneau met au point la méthode dite « S + 7 ». Celle-ci consiste à remplacer chaque mot important d'une phrase par le septième mot qui le suit dans le dictionnaire. Voici la réécriture « oulipienne » de « La Cigale et la Fourmi », qu'Anouilh avait déjà parodiée. La fable devient alors un jeu et un éblouissant exercice de style, même si, bien évidemment, il ne faut pas lui chercher un sens précis. Le résultat est troublant !

La Cimaise et la Fraction

La cimaise ayant chaponné tout l'éternueur
Se tuba fort dépurative quand la bixacée fut verdie :
Pas un sexué pétrographique morio de mouffette ou de verrat.
Elle alla crocher frange
Chez la fraction sa volcanique

La processionnant de lui primer
Quelque gramen pour succomber
Jusqu'à la salanque nucléaire.
« Je vous peinerai, lui discorda-t-elle,
10 Avant l'apanage, folâtrerie d'Annamite !
Interlocutoire et priodonte. »
La fraction n'est pas prévisible :
C'est là son moléculaire défi.
« Que ferriez-vous au tendon cher ?
15 Discorda-t-elle à cette énarthrose.
Nuncupation et joyau à tout vendeur,
Je chaponnais, ne vous déploie.
– Vous chaponniez ? J'en suis fort alarmante.
Eh bien ! débagoulez maintenant. »

CONCLUSION

Probablement le genre littéraire le plus ancien qui soit, la fable n'en reste pas moins un genre encore très pratiqué un peu partout dans le monde. Son succès tient à sa plasticité : elle peut se faire conte, satire, nouvelle. Elle peut résonner de toutes les préoccupations d'une époque, qu'elles soient politiques, religieuses ou philosophiques. Elle se prête aussi au jeu savoureux des réécritures.

Le dossier

220 **REPÈRES CLÉS**

227 **FICHES DE LECTURE**

241 **THÈME ET DOCUMENTS**

247 **OBJECTIF BAC**

REPÈRE **1**

Le Grand Siècle

La Fontaine naît en 1621, sous le règne de Louis XIII, et meurt en 1695, sous celui de Louis XIV. Ce dix-septième siècle, qui est tout entier le sien, est le «Grand Siècle», celui principalement du Roi Soleil.

LA CONSTRUCTION D'UN ÉTAT FORT

1 • Le règne de Louis XIII

• Fils d'Henri IV, **Louis XIII** (1601-1643) s'appuie pour gouverner sur le **cardinal de Richelieu** (1585-1642). Celui-ci réduit à l'obéissance les grands aristocrates, toujours prompts à comploter contre le roi et à défendre leurs privilèges.

• La mort, à un an d'intervalle, du roi et de son principal ministre ouvre toutefois une période d'instabilité.

2 • La régence d'Anne d'Autriche

• Alors âgé de cinq ans, Louis XIV (1638-1715) est trop jeune pour exercer le pouvoir. **Anne d'Autriche**, sa mère, l'exerce en son nom en s'appuyant à son tour sur un ministre clé, le **cardinal de Mazarin** (1602-1661).

• Sa régence est marquée par les troubles de la **Fronde** (1648-1653), révolte d'abord des grands seigneurs puis des hauts magistrats contre le pouvoir royal. L'habileté de Mazarin provoque leur défaite.

3 • Le règne de Louis XIV

• À la mort de Mazarin, en 1661, Louis XIV décide de gouverner seul, avec des ministres certes, mais sans Premier ministre. Son premier acte d'autorité est de faire **condamner**, pour corruption et trahison, **Nicolas Fouquet** (1615-1680), le tout-puissant surintendant des Finances.

• Tout, désormais, émane de lui: Louis XIV devient le **Roi Soleil**, détenteur d'un **pouvoir absolu** et tout autant préoccupé de sa propre gloire que du prestige de la France en Europe.

REPÈRE 1

DE LA PUISSANCE AU DÉCLIN

1 • La politique extérieure

• Louis XIV mène une **politique de conquêtes** : guerre de Dévolution (1667-1668), aboutissant au rattachement de la Flandre à la France ; guerre de Hollande (1672-1679) s'achevant par le rattachement de la Franche-Comté.

• Après 1685, les guerres de la Ligue d'Augsbourg (1668-1697) puis de la Succession d'Espagne (1701-1714) se révèlent ruineuses et politiquement désastreuses.

2 • La politique intérieure

• **Sur le plan économique**, son ministre **Colbert** (1619-1683) favorise une **vigoureuse politique de développement industriel** (textiles, commerce maritime, manufactures). Après 1680, toutefois, le coût des guerres, le poids des impôts, les famines plongent le royaume dans les plus graves difficultés. Contrastant avec les splendeurs de Versailles, où Louis XIV s'installe définitivement en 1682, **la misère se propage dans le royaume**.

• **Sur le plan religieux**, en 1685, Louis XIV **révoque l'édit de Nantes** par lequel les protestants avaient depuis 1598 le droit d'exercer librement leur culte. C'est le début d'une **politique d'intolérance et de persécutions**. Inauguré dans l'enthousiasme et la ferveur, le règne se sclérose.

LE TRIOMPHE DU CLASSICISME

1 • La fin du baroque

Vigoureux depuis le début du siècle, le baroque **décline fortement dans les années 1630**. Son aspiration à une totale liberté, en art comme dans les mœurs, son refus de toute règle, son goût des apparences, des couleurs et des déguisements nourrissent, comme en réaction, un besoin d'ordre, de stabilité et de rigueur.

2 • Une active politique culturelle

• Louis XIV **favorise les arts et les lettres**, par un soutien appuyé à l'Académie française (instituée en 1635) et par la création en 1663 de l'Académie des inscriptions et belles-lettres puis, en 1666, de l'Académie des sciences.

• Un système de « **pensions** » (aides et subventions) soutient et récompense par ailleurs artistes et écrivains (au moins dans la première partie du règne).

REPÈRE 1

3 • L'épanouissement du classicisme

- **Ennemi des excès** en tous genres, du burlesque comme de la préciosité, partisan d'une expression modérée, faite de précision et de justesse, le classicisme s'impose et se veut un **art de raison et de «bienséances»**.

- Il décline après 1685. C'est dans cette période que La Fontaine compose l'essentiel de son œuvre.

> **Préciosité et bienséances**
>
> La **préciosité** est un mouvement social et littéraire qui connaît son apogée dans les années 1650-1660. Elle se caractérise par une recherche – parfois excessive – de distinction et de raffinement dans le langage et dans les mœurs (en particulier dans les relations amoureuses).
>
> Les **bienséances** sont une notion théorisée dans les années 1630 qui, avec la vraisemblance et la règle des trois unités, a contribué à fonder l'esthétique du théâtre classique. Elles répondent à une exigence morale qui vise à ne pas choquer le public: ainsi, tout ce qui concerne le corps et la sexualité est banni de la scène; de même, les combats et la mort violente ne sont pas représentés sur scène.

REPÈRE 2

La vie et l'œuvre de La Fontaine (1621-1695)

Né en 1621 à Château-Thierry, en Champagne, La Fontaine connaît une jeunesse insouciante. La lecture des grands auteurs de l'Antiquité et de la Renaissance, française et italienne, le passionne plus que ses études de théologie[1] et de droit.

CHEZ FOUQUET : DE LA SÉCURITÉ À L'EXIL (1658-1664)

- Introduit en 1658 dans l'entourage du riche et puissant ministre des Finances Nicolas Fouquet (1615-1680), La Fontaine en devient le **pensionné**[2]. Pour lui, il compose plusieurs poèmes : *Adonis*, *Climène* et surtout **Le Songe de Vaux**, qui célèbre les splendeurs du château de Vaux-le-Vicomte que Fouquet venait de se faire construire.

- L'arrestation de Fouquet en 1661 et sa condamnation à la prison à vie placent La Fontaine dans une **situation politique et financière délicate**. Resté **fidèle** à son protecteur, il implore en vain la clémence de Louis XIV dans l'*Élégie aux nymphes de Vaux*. Cette fidélité lui vaut d'être contraint de quitter Paris et d'accompagner son oncle exilé en Limousin. Longtemps, La Fontaine restera mal vu du pouvoir royal.

CHEZ LA DUCHESSE D'ORLÉANS : VERS LA GLOIRE (1664-1672)

- De retour à Paris, La Fontaine devient « **gentilhomme servant** » de la duchesse **d'Orléans**, Henriette d'Angleterre, qui est la belle-sœur de Louis XIV. Au XVIIe siècle, sauf fortune personnelle, un écrivain, pour vivre, doit se placer chez un Grand, qui lui assure le gîte et le couvert. L'emploi ne lui prend guère de temps. Ami de Racine, de Molière, de Boileau ou encore de madame de La Fayette, La Fontaine peut s'adonner complètement à l'écriture.

- Ses **Contes et Nouvelles en vers** (1665) lui procurent une certaine **notoriété**. En 1668, ses **Fables** (les actuels livres I à VI) remportent un **immense succès**. L'année suivante, la Fontaine publie un roman, en prose et en vers, *Les Amours de Psyché et de Cupidon*, qui raconte la promenade de quatre amis dans le parc du château de Versailles, en construction. La mort de la duchesse d'Orléans, en 1672, le laisse sans protection.

---

1. Théologie (du grec *theos*, « dieu » et *logos*, « science ») : étude des questions religieuses.

2. Pensionné : qui bénéficie d'une *pension*. En échange de ses vers, « pension poétique », le poète reçoit une pension en espèces.

REPÈRE 2

CHEZ MADAME DE LA SABLIÈRE : LE TEMPS DE LA MATURITÉ (1673-1684)

• La Fontaine trouve bientôt refuge chez madame de La Sablière. Mondaine et cultivée, celle-ci tient **l'un des salons les plus prestigieux de la capitale**. S'y rencontrent des écrivains, des philosophes, des scientifiques et des grands voyageurs. À leur contact, La Fontaine **élargit son horizon intellectuel**.

• Sa notoriété et ses relations ne l'empêchent pas de connaître un déboire avec ses *Nouveaux Contes* (1674) : ils sont jugés si licencieux qu'ils sont interdits à la vente. Ses nouvelles *Fables* (les actuels livres VI à XI), publiées en 1678 et 1679, remportent en revanche un succès encore plus éclatant que celles de 1668. En 1684, malgré les réticences de Louis XIV, La Fontaine est **élu à l'Académie française**.

UNE FIN DE VIE TRÈS CHRÉTIENNE (1684-1695)

• Avec son *Épître à Huet* (1687), La Fontaine rédige son testament littéraire : il y **prend parti en faveur des Anciens** dans la **Querelle des Anciens et des Modernes**, qui vient d'éclater au grand jour.

• Un grave accident de santé en 1692 puis la mort de madame de La Sablière, en 1693, le font **revenir vers la religion chrétienne**. La Fontaine renie publiquement ses *Contes*, qu'il reconnaît trop osés et incompatibles avec la morale et la foi. Le livre XII des *Fables* (1693) témoigne de cette **évolution spirituelle**.

> La **Querelle des Anciens et des Modernes** désigne la polémique littéraire de la fin du XVIIe siècle et du début du XVIIIe siècle sur les mérites respectifs des auteurs de l'Antiquité (les Anciens) et de ceux du siècle de Louis XIV (les Modernes). Emmenés par Charles Perrault (*Le Siècle de Louis le Grand*, 1687), les Modernes (Fontenelle, le journal *Le Mercure galant*, les cercles mondains) affirment la supériorité des auteurs modernes sur ceux de l'Antiquité. Les partisans des Anciens (Racine, La Fontaine, La Bruyère, Bossuet) prétendent, au contraire, que la perfection littéraire et artistique a été atteinte dans l'Antiquité. Les Anciens doivent donc être imités, ce à quoi s'emploient leurs partisans : ainsi, La Fontaine s'inscrit dans la filiation des *Fables* d'Ésope.
>
> Un moment apaisée, la querelle rebondit dans les années 1713-1715 avec le poète Houdar de La Motte, du côté des Modernes, auteur d'une libre adaptation de l'*Iliade*, d'Homère, et la riposte cinglante de Mme Dacier – elle-même traductrice de l'*Iliade* –, du côté des Anciens.

• La Fontaine meurt le 13 avril 1695 dans le luxueux hôtel parisien du financier d'Hervart, qui lui accordait l'hospitalité. Il est inhumé le lendemain dans le cimetière parisien des Saints-Innocents.

REPÈRE 3

La place des livres VII, VIII et IX dans les *Fables*

Les Fables *s'organisent traditionnellement en douze livres. S'échelonnant de 1668 à 1692, elles ont occupé près de vingt-cinq ans de la vie du poète. D'où des évolutions, parfois importantes, d'un livre à l'autre.*

UN NOUVEAU RECUEIL

- Le **premier recueil des *Fables*** (les actuels **livres I à VI**) paraissent en **1668**. Son « Épilogue » résonne comme un adieu : « Bornons ici cette carrière/Les longs ouvrages me font peur./ Loin d'épuiser une matière,/ On n'en doit prendre que la fleur. » La Fontaine y laisse clairement entendre qu'il renonce à composer de nouvelles fables pour se consacrer à d'autres projets, notamment romanesques.

- Dix ans plus tard, comme revenant sur ses propos, le fabuliste publie un **second recueil de fables**, subdivisé en deux parties : la première, comprenant les **livres VII et VIII**, paraît en **1678** ; et la seconde, comportant les **livres IX à XI**, en **1679**. (Le livre XII ne paraîtra, lui, qu'en 1692.)

- Chronologiquement, les livres VII à IX s'inscrivent donc dans la continuité des six précédents : « Voici un second recueil de fables », écrit-il d'ailleurs en tête de l'« Avertissement ». Sur le plan du genre, la même continuité s'observe : ce sont toujours des fables. L'impression est toutefois trompeuse : ce nouveau recueil est en réalité un **recueil nouveau**.

UN RECUEIL NOUVEAU

- La Fontaine prend soin de souligner l'**originalité** de ce second recueil par rapport au premier : il lui a donné « un air et un tour un peu différents », tant par souci de « variété » que par la nature des sujets traités (« Avertissement »).

- **Sur le plan de la forme**, La Fontaine s'éloigne d'Ésope, son principal modèle dans les six premiers livres.
– La fable **cesse** désormais **d'être brève et didactique** : elle prend de l'ampleur comme, par exemple, dans « Les Animaux malades de la peste » (VII, 1) ou dans le long et imposant « Discours à madame de La Sablière » qui clôt le livre IX.

REPÈRE 3

– **Elle n'est plus systématiquement animalière** : les êtres humains y apparaissent de plus en plus fréquemment, le règne végétal y fait son entrée, les objets deviennent des personnages, des « Cierge » (IX, 12) ainsi que des allégories surgissent (« Le Coche et la Mouche », VII, 8 ; « L'Avantage de la science », VIII, 19 ou « L'Éducation », VIII, 24).

• Ce **renouvellement** de la forme s'accompagne de celui **des thèmes**.

– L'**actualité politique**, notamment avec la guerre de Hollande, fait son apparition.

– La **satire sociale** se fait plus mordante.

– La fable se transforme en **poème philosophique**, s'insurge contre la théorie des « animaux-machines » développée par Descartes, se teinte de **couleurs religieuses**.

– Elle cesse d'être – si elle l'a jamais été ! – une lecture pour enfants et **s'adresse** désormais clairement **à des adultes**.

UNE NOUVELLE AMBITION ?

• **Dans les livres VII à IX, la fable s'adapte à presque tous les genres littéraires**.

– Certaines sont des **tragédies** en miniature : « Les Animaux malades de la peste » (VII, 1) ; « La Cour du Lion » (VII, 6).

– D'autres se rapprochent plus du **récit** : « La Mort et le Mourant » (VIII, 1), « Démocrite et les Abdéritains » (VIII, 26) ; « L'Écolier, le Pédant et le Maître d'un jardin » (IX, 5), « Jupiter et le Passager » (IX, 13), « Le Trésor et les deux Hommes » (IX, 16).

– « Le Mal marié » (VII, 12) ou « Le Savetier et le Financier » (VIII, 2) sont plus des **contes** que des fables.

– « L'Horoscope » (VIII, 16) ou « Un animal dans la Lune » (VII, 17) se rapprochent du **poème scientifique**.

– La **poésie amoureuse** n'est pas absente : « Tircis et Amarante » (VIII, 13) est une **églogue** (un chant d'amour dans un cadre champêtre) ; « Les Deux Pigeons » (IX, 2) relèvent plutôt de l'**élégie** (poème lyrique de la plainte amoureuse).

• Presque chaque fable s'inscrit ainsi dans une catégorie littéraire particulière. Tout se passe comme si La Fontaine dissimulait derrière l'appellation « fable » l'ambition d'écrire le **livre qui illustrerait**, certes en miniature, **tous les autres genres littéraires**. Ce sont tout à la fois ces évolutions et cette pratique de la fable qui donnent aux livres du second recueil toute leur importance.

FICHE 1

La structure des livres VII, VIII et IX

L'« Avertissement » qui ouvre le second recueil des Fables (livres VII à XI) en énumère les différences d'avec le premier (livres I à VI). Tout y est nouveau : l'inspiration, les sujets choisis, les préoccupations morales et philosophiques. La dédicace « À madame de Montespan » (1641-1707), maîtresse de Louis XIV depuis dix ans, illustre ce changement de perspective. La fable s'adresse désormais en priorité à des adultes.

LE LIVRE VII (1678)

Dix-sept fables le composent.

1 • Les personnages

• Huit fables mettent en scène des **animaux** : « Les Animaux malades de la peste » (1) ; « Le Rat qui s'est retiré du monde » (3) ; « La Cour du Lion » (6) ; « Les Vautours et les Pigeons » (7) ; « Le Coche et la Mouche » (8) ; « Les Deux Coqs » (12) ; « Le Chat, la Belette et le petit Lapin » (15) ; « La Tête et la Queue du Serpent » (16).

• Huit autres traitent du **comportement des humains** : « Le Mal marié » (2) ; « Le Héron. La Fille » (4) ; « La Laitière et le Pot au lait » (9) ; « Le Curé et le Mort » (10) ; « L'Homme qui court après la fortune et l'Homme qui l'attend dans son lit » (11) ; « L'Ingratitude et l'Injustice des hommes envers la Fortune (13) ; « Les Devineresses » (14) ; « Un animal dans la Lune » (17).

• La fable 5 (« Les Souhaits ») fait vivre un « **follet** », une créature divine.

• Signalons que la fable 4 (« Le Héron. La Fille ») est une **fable** dite « **double** ». Le thème du dédain y est traité sur le registre d'abord animalier (le Héron) puis humain (la Fille).

2 • La versification

• Les fables sont **hétérométriques**, c'est-à-dire qu'elles comportent des vers de différentes longueurs. Le plus souvent, il s'agit d'**octosyllabes** et d'**alexandrins**. Deux exceptions toutefois :
– la fable 7 (« Les Vautours et les Pigeons ») est entièrement en **décasyllabes** ;
– la fable 16 (« La Tête et la Queue du Serpent ») est composée d'**heptasyllabes** et d'alexandrins.

• Une rareté : le vers 29 de la fable 1 (« Les Animaux malades de

> Les **octosyllabes** sont des vers de huit syllabes ; les **alexandrins**, de douze syllabes ; les **décasyllabes**, de dix syllabes ; les **heptasyllabes**, de sept syllabes.

227

la peste ») et les vers 8 et 11 de la fable 16 (« La Tête et la Queue du Serpent ») sont des vers de **trois syllabes**.

3 • Les rimes

• **Deux systèmes d'organisation** dominent :
– les rimes plates, construites sur le modèle aa,bb ;
– les rimes embrassées, construites sur le modèle abba.

• L'**alternance entre rime féminine et rime masculine** est le plus souvent régulière :
– la rime est dite féminine quand la dernière syllabe comporte un *e* caduc (muet) ;
– la rime est dite masculine dans le cas contraire.

Exemple : « Certaine Fille un peu top fière [*rime féminine*]/ Prétendait trouver un mari [*rime masculine*] » (« Le Héron. La Fille », VII, 4).

4 • Les thèmes

• La **vie de cour** : l'injustice des puissants (fable 1, « Les Animaux malades de la peste ») ; la flatterie, obligée et délicate (fable 6, « La Cour du Lion ») ; du danger de s'en remettre aux puissants (fable 7, « Les Vautours et les Pigeons » ; fable 12, « Les Deux Coqs » ; fable 15, « Le Chat, la Belette et le petit Lapin »).

• La **satire de mœurs** : la dénonciation de l'hypocrisie (fable 3, « Le Rat qui s'est retiré du monde »), de l'orgueil (fable 4, « Le Héron. La Fille »), de l'ingratitude (fable 13, « L'Ingratitude et l'Injustice des hommes envers la Fortune »), des imposteurs (fable 8, « Le Coche et la Mouche »), de l'appât du gain (fable 11, « L'Homme qui court après la Fortune et l'Homme qui l'attend dans son lit ») et des amateurs d'horoscope et de prédictions (fable 14, « Les Devineresses »).

• La **satire contre les femmes** : leurs récriminations (fable 2, « Le Mal marié ») et leur inconséquence (fable 16, « La Tête et la Queue du Serpent »).

• La **sagesse** : la quête du juste milieu (fable 5, « Les Souhaits »), les bienfaits de la rêverie (fable 9, « La Laitière et le Pot au lait »), ses dangers (fable 10, « Le Curé et le Mort ») ; le bon sens contre les illusions d'optique (fable 17, « Un Animal dans la Lune »).

FICHE 1

LE LIVRE VIII (1678)

Il comporte vingt-huit fables.

1 • Les personnages

• Douze fables campent des **hommes** : « La Mort et le Mourant » (1) ; « Le Savetier et le Financier » (2) ; « Le Pouvoir des fables » (4) ; « Les Femmes et le Secret » (6) ; « Les Deux Amis » (11) ; « Tircis et Amarante » (13) ; « L'Horoscope » (16) ; « Le Bassa et le Marchand » (18) ; « L'Avantage de la science » (19) ; « Jupiter et les Tonnerres » (20) ; « Le Torrent et la Rivière » (23) ; « Démocrite et les Abdéritains » (26).

• Six fables les évoquent **en compagnie d'animaux** : « L'Homme et la Puce » (5) ; « Le Chien qui porte à son cou le dîné de son maître » (7) ; « Le Rieur et les Poissons » (8) ; « L'Ours et l'Amateur des jardins » (10) ; « Le Cochon, la Chèvre et le Mouton » (12) ; « Le Loup et le Chasseur » (27).

• Neuf fables campent **exclusivement des animaux** : « Le Lion, le Loup et le Renard » (3) ; « Le Rat et l'Huître » (9) ; « Les Obsèques de la Lionne » (14) ; « Le Rat et l'Éléphant » (15) ; « L'Âne et le Chien » (17) ; « Le Faucon et le Chapon » (21) ; « Le Chat et le Rat » (22) ; « L'Éducation » (24) ; « Les Deux Chiens et l'Âne mort » (25).

2 • La versification et les rimes

• Deux fables sont **isométriques**, c'est-à-dire qu'elles utilisent un seul et même type de vers : « L'Homme et la Puce » (5), en alexandrins ; « Jupiter et les Tonnerres » (20), en heptasyllabes (sept syllabes).

> Un poème **isométrique** (du grec *iso*, « égal ») est composé de vers de même longueur ; un poème **hétérométrique** (du grec *hetero*, « autre, différent ») est composé de vers de différentes longueurs.

• Toutes les autres fables sont **hétérométriques**, comportant des octosyllabes et des alexandrins, à deux exceptions près :
– « Tircis et Amarante (13) : heptasyllabes, octosyllabes et alexandrins ;
– « Le Bassa et le Marchand » (18) : octosyllabes, décasyllabes et alexandrins.

• Les **rimes** sont, comme dans le livre VII, soit **plates** (AABB), soit **embrassées** (ABBA).

3 • Les thèmes

• **L'élaboration d'un art de vivre** :
– le bonheur et le malheur d'aimer : « Tircis et Amarante » (13) ;
– l'amitié : « Les Deux Amis » (11), « Le Faucon et le Chapon » (21), « Le Chat et le Rat » (22), Le Torrent et la Rivière » (23) ;
– l'entraide : « L'Âne et le Chien » (17) ; la défiance envers les puissants : « Le Chien qui porte à son cou le dîné de son maître » (7), « Le Bassa et le Marchand » (18), « Jupiter et les Tonnerres » (20) ;
– se contenter de ce qu'on a : « Le Savetier et le Financier » (2), « Les Deux Chiens et l'Âne mort » (25), « Le Loup et le Chasseur » (27) ;
– se préparer à mourir un jour : « La Mort et le Mourant » (1), « Le Cochon, la Chèvre et le Mouton » (12).

• **La dénonciation de l'ignorance** :
– par manque d'expérience : « Le Rat et l'Huître » (9) ; par vanité et crédulité : « L'Horoscope » (16), « L'Avantage de la science » (19) ;
– par sottise : « L'Ours et l'Amateur des jardins » (10).

• **La satire sociale et politique** :
– rois et courtisans : « Le Lion, le Loup et le Renard » (3), « Le Pouvoir des fables » (4), « Les Obsèques de la Lionne » (14) ;
– les femmes : « Les Femmes et le Secret » (6) ;
– défauts des hommes en général et des Français en particulier : « Le Rieur et les Poissons » (8), « Le Rat et l'Éléphant » (15), « Démocrite et les Abdéritains » (26).

LE LIVRE IX (1679)

Il compte dix-neuf fables plus, en clôture du livre, un très long poème philosophique, le « Discours à madame de La Sablière », laquelle était la protectrice de La Fontaine.

1 • Les personnages

• Six fables mettent en scène des **animaux** : « Les Deux Pigeons » (2), « Le Singe et le Léopard » (3), « Le Loup et le Chien maigre » (10), « Le Chat et le Renard » (14), « Le Singe et le Chat » (17), « Le Milan et le Rossignol » (18).

• Huit autres campent exclusivement des **humains** : « Le Dépositaire infidèle » (1), « Le Gland et la Citrouille » (4), « L'Écolier, le Pédant, et le Maître d'un jardin » (5),

FICHE 1

« Le Statuaire et la statue de Jupiter » (6), « Le Fou qui vend la sagesse » (8), « Rien de trop » (11), « Le Mari, la Femme, et le Voleur (15), « Le Trésor et les deux Hommes » (16).

• Deux fables font cohabiter **animaux et êtres humains** : « L'Huître et les Plaideurs » (9), « Le Berger et son troupeau » (19).

• Une fable fait coexister les **dieux** et les **hommes** : « Jupiter et le Passager » (13).

• Deux fables relèvent de l'**imaginaire** le plus complet : « La Souris métamorphosée en fille » (7), dans laquelle une « souris » se métamorphose en « fille » ; « Le Cierge » (12), dans laquelle un « cierge » prend vie.

2 • La versification et les rimes

• Une « fable » est **isométrique** : « Le Statuaire et la statue de Jupiter » (6), qui tient plus du poème en ce qu'elle est composée de neuf quatrains, tous octosyllabiques (de huit syllabes).

• Toutes les autres fables sont **hétérométriques**, mêlant alexandrins et octosyllabes, à l'exception toutefois de la fable 16 (« Le Trésor et les deux Hommes ») qui comporte des alexandrins, des octosyllabes et un vers de trois syllabes.

• Les **rimes**, comme dans les précédents livres, sont soit **plates** (aabb) soit **embrassées** (abba).

3 • Les thèmes

• La **satire sociale et politique** s'élargit :
– contre la noblesse : « Le Singe et le Léopard (3), « Le Singe et le Chat » (17) ;
– contre les pédants et les stupides : « Le Gland et la Citrouille » (4), « L'Écolier, le Pédant, et le Maître d'un jardin » (5) ;
– contre les juges : « L'Huître et les Plaideurs » (9) ;
– contre les hypocrites : « Jupiter et le Passager » (13), « Le Chat et le Renard » (14) ;
– contre les femmes : « Le Mari, la Femme et le Voleur » (15).

• Les **confidences élégiaques sur l'amour** : « Les Deux Pigeons » (2).

• Un **plaidoyer en faveur de l'intelligence des bêtes** et de leur « âme » : le « Discours à Madame de La Sablière ».

• Les **rapports de la poésie, de la fable et de la philosophie** : « L'Huître et les Plaideurs » (6), « Discours à Madame de La Sablière ».

FICHE 2

La peinture des animaux

Par tradition, la fable met en scène des animaux, même s'ils n'en sont pas les seuls personnages. Tout fabuliste doit donc savoir les peindre. La fable étant en outre un genre bref, leur caractérisation se doit d'être rapide et la plus évocatrice possible. La Fontaine y parvient en ne retenant que le détail expressif, en organisant le monde animal en société et en l'humanisant.

LE DÉTAIL EXPRESSIF

Dans la peinture de ses animaux, La Fontaine privilégie ce que leur aspect physique a de plus visuel, leurs mouvements et leurs principales fonctions naturelles.

1 • Une évocation très visuelle

• Souvent une **formule pittoresque** évoque la silhouette ou la démarche de l'animal. Un adjectif, une formule qui fait image, suffisent à en imposer la présence dans l'esprit du lecteur.

• Voici par exemple « le **Héron** au long bec emmanché d'un long cou » (« Le Héron », VII, 4) : la répétition de l'adjectif « long » en suggère d'emblée la silhouette, effectivement tout en hauteur. Le **Coq** appartient à « la gent qui porte crête » (« Les Deux Coqs », VII, 12). Le **Chat** est « bien fourré, gros et gras » (« Le Chat, la Belette et le petit Lapin », VII, 15). L'**Éléphant** est une « pesante masse » à « triple étage » (« Le Rat et l'Éléphant », VIII, 15). Le **Léopard** possède une peau « bigarrée, pleine de taches » (« Le Singe et le Léopard », IX, 3). La Fontaine se révèle **aussi bon observateur que dessinateur du monde animal**.

2 • La suggestion du mouvement

• Les notations de mouvement renforcent le côté visuel de l'évocation, à laquelle elles donnent une **forte impression de vie**.

• La **Mouche** « va, vient, fait l'empressée » autour du Coche pour se donner l'illusion de le faire avancer (« Le Coche et la Mouche », VII, 8). Dépité de se voir préférer un rival, le **Coq** « aiguis[e] son bec, [bat] l'air et ses flancs/ Et s'exerçant contre les vents/ S'arm[e] d'une jalouse rage » (« Les Deux Coqs », VII, 12). L'**Éléphant** a un « marcher un peu lent » (« Le Rat et l'Éléphant », VIII, 15). Pour tirer des marrons du feu, Raton, le **Chat**, « avec sa patte/ D'une manière délicate/ Écarte un peu la cendre, et retire les doigts/ Puis les reporte à plusieurs reprises » (« Le Singe et le Chat », IX, 17).

3 • L'attribution de fonctions

• Souvent, enfin, une indication suggère la **fonction principale de l'animal**.

• Prédateur, le « peuple Vautour au bec retors, à la tranchante serre » (« Les Vautours et les Pigeons », VII, 7) fend les airs. Le Rat est un « rongemaille » (« VIII, 22) ; le Faucon, un « oiseau chasseur » (« Le Faucon et le Chapon », VIII, 21). Le Chat reçoit le surnom de « grippe-fromage » (« Le Chat et le Rat », VIII, 22). Le Milan, « manifeste voleur », répand « l'alarme dans tout le voisinage » (« Le Milan et le Rossignol », IX, 18). De la « famille amphibie », les castors « construisent des travaux/ Qui des torrents grossis arrêtent le ravage » (IX, « Discours à Mme de La Sablière »).

UNE ORGANISATION EN SOCIÉTÉ

Pour réalistes qu'elles soient, ces notations n'empêchent pas l'essor de l'imagination. Chez La Fontaine, le monde animal s'organise en société sur le modèle de la société humaine.

1 • La personnalisation des animaux

• Si certains animaux sont seulement désignés par leur nom générique (le Renard, la Mouche, le Loup…), d'autres portent en revanche des **prénoms**, des **patronymes** ou des **surnoms** qui les les font accéder au **rang de personnes**.

• Le Cochon se nomme « dom Pourceau » (« Le Cochon, la Chèvre et le Mouton », VIII, 12) et le Singe se prénomme « Bertrand » (« Le Singe et le Chat », IX, 17). Certains possèdent un état civil : Jean, le Lapin, tient son logis de ses aïeux Pierre et Simon (« Le Chat, la Belette et le petit Lapin », VII, 15) ; Laridon et César, de leur côté, descendent de « chiens fameux » (« L'Éducation », VIII, 24) ; un autre Singe se dit « cousin et gendre de Bertrand », lequel fut « singe du Pape en son vivant » (IX, 3) ; la « femme du Lion » meurt, et chacun s'empresse de consoler l'époux attristé (« Les Obèques de la Lionne », VIII, 14).

2 • L'exercice d'une profession

• La Fontaine poursuit la personnalisation des animaux en les dotant d'une **activité professionnelle**, qui les rapproche des humains.

• Le chat Grippeminaud est « juge » (« Le Chat, la Belette et le petit Lapin », VII, 15). Le « Singe avec le Léopard » gagne de « l'argent à la foire » en faisant des tours d'acrobate et de « passe-passe » (« Le Singe et le Léopard », IX, 3). Un chien remplit

FICHE 2

les fonctions de « portier » (« Le Loup et le Chien maigre », IX, 10). Le Milan exerce le métier moins recommandable de « voleur » (« Le Milan et le Rossignol », IX, 18). D'autres animaux sont « médecins » ou prétendent l'être (« Le Lion, le Loup et le Renard », VIII, 13), sont « députés[1] » du Lion (« La Cour du Lion », VII, 6).

3 • Des liens politiques et sociaux

• Le monde animal s'organise enfin en **société dont la structure sociale et le fonctionnement reproduisent ceux de la société monarchique française du XVIIe siècle**.

• Le Lion est un **monarque absolu**, qui réside au « Louvre » (« La Cour du Lion », VII, 6), tient « conseil » (« Les Animaux malades de la peste », VII, 1), est entouré d'une « Cour », dont il exige la plus complète obéissance (« Le Lion, le Loup, et le Renard », VIII, 3). Les Tigres, les Ours et les Renards sont de **grands aristocrates**. La **justice** tranche les querelles de voisinage ou de famille (« Le Chat, la Belette et le petit Lapin », VII, 15 ; « L'Huître et les Plaideurs », IX, 9). Les **conflits internationaux** provoquent des alliances diplomatiques et militaires, avec parfois des surprises désagréables : un Chat se comporte ainsi comme un malheureux prince qui va « s'échauder[2] en des Provinces,/ pour le profit de quelque roi » (« Le Singe et le Chat », IX, 17).

L'HUMANISATION DES ANIMAUX

La constitution d'une société animale trouve son prolongement logique et ultime dans l'humanisation des animaux : ceux-ci parlent, possèdent leur caractère propre et symbolisent des types humains.

1 • L'accession au langage

• Preuve absolue de leur humanisation, **les animaux accèdent au langage articulé**, selon les règles de la plus parfaite grammaire, privilège jusque-là réservé aux humains.

• C'est certes une tradition, et l'une des caractéristiques du genre de la fable. La Fontaine en use largement. Il arrive même que les animaux **maîtrisent l'écriture**, à l'exemple de « sa Majesté la Lionne » qui convoque ses « vassaux » en « envoyant de tous les côtés/ Une circulaire écriture/ Avec son sceau » (« La Cour du Lion », VII, 6).

---

1. Députés : émissaires.

2. S'échauder : être victime d'une mésaventure.

2 • La possession d'un caractère

• Dans le même temps, les animaux se voient doter d'un **caractère en fonction de leur apparence physique**.

• Le Lion incarne la puissance et l'autorité. En raison de son physique ingrat, l'Ours représente le solitaire, mal à l'aise en société («L'Ours et l'Amateur des jardins», VIII, 10). La fourrure du Chat, quand il est «gros et gras», est d'un hypocrite («Le Chat et le Rat», VIII, 22). Avec son «long» cou, le Héron en impose et incarne l'orgueil et le mépris («Le Héron», VII, 4). Le Vautour aux redoutables serres est l'image de la cruauté («Les Vautours et les Pigeons», VII, 7).

3 • La constitution en types humains

• C'est la dernière étape de l'humanisation des animaux :
– le Renard représente le courtisan, flatteur, hypocrite et sans pitié pour les faibles («Les Animaux malades de la peste», VII, 1 ; «Le Lion, le Loup et le Renard», VIII, 3) ;
– l'Âne, au contraire, campe le misérable face aux grands («Les Animaux malades de la peste», VII, 1) ;
– le Rat symbolise le tempérament français avec sa «sotte vanité» («Le Rat et l'Éléphant», VIII, 15) mais aussi le moine égoïste et jouisseur («Le Rat qui s'est retiré du monde», VII, 3).

• **À chaque animal correspond** ainsi **un caractère individuel ou collectif**. C'est par ce biais que La Fontaine transforme ses fables en satires sociales (voir plus bas la rubrique «Thème», p. 241).

La Fontaine réussit ainsi l'exploit de peindre les animaux pour eux-mêmes et pour ce qu'ils peuvent signifier. L'attrait de ses fables s'en trouve fortement accru.

Formes et procédés de l'argumentation

« Je me sers d'animaux pour instruire les hommes », affirme en 1668 La Fontaine dans la dédicace « À Monseigneur le Dauphin » de son premier recueil de fables. Depuis ses plus lointaines origines, la fable est en effet un genre fictionnel et didactique : elle propose et illustre une « moralité[1] » au moyen d'un récit inventé. Ces moralités prennent la forme, tantôt de conseils, tantôt de raisonnements, tantôt enfin de découverte, leur sens n'étant pas explicitement formulé.

DES MORALITÉS EN FORME DE CONSEILS

Ces conseils revêtent principalement trois aspects : ce sont des maximes, des commentaires personnels ainsi que des témoignages du fabuliste.

1 • Maximes, proverbes et recommandations

● La **maxime** énonce une réflexion morale et elle est d'autant plus facile à retenir qu'elle est brève et souvent frappante. Ainsi ce constat placé en tête de « L'Âne et le Chien » (VIII, 17) : « Il se faut entraider, c'est la loi de Nature ». Ou cette observation amère de l'existence d'une justice à deux vitesses :

> « Selon que vous serez puissant ou misérable,
> Les jugements de Cour vous rendront blanc ou noir. »
> (« Les Animaux malades de la peste », VII, 1.)

● Les **proverbes** en appellent plus volontiers aux vérités d'expérience, vérifiables par chacun : « Ventre affamé n'a point d'oreilles » (« Le Milan et le Rossignol », IX, 18) ; « Tel est pris qui croyait prendre » (« Le Rat et l'Huître », VIII, 9).

● Les **recommandations** sont celles que le fabuliste adresse à ses lecteurs ou à une certaine catégorie d'entre eux : « Laissez dire les sots ; le savoir a son prix » (« L'Avantage de la science », VIII, 19). Ou encore cette mise en garde à l'attention des courtisans :

> « Vous êtes dans une carrière
> Où l'on ne se pardonne rien. »
> (« Le Lion, le Loup et le Renard », VIII, 3.)

---

[1]. La *moralité*, comme on disait à l'époque, n'est pas obligatoirement *morale* : il s'agit simplement d'une leçon, d'un constat d'expérience. Les deux termes ne doivent pas être confondus.

2 • Le commentaire personnel

• Parfois le fabuliste **interprète lui-même sa propre fable**, dont il fait le commentaire. Un Chien défend le dîner de son maître contre ses congénères affamés («Le Chien qui porte à son cou le dîné de son maître, VIII, 7). Seul contre plusieurs, il sait le dîner perdu. Aussi décide-t-il de le partager avec ses assaillants. Et La Fontaine d'expliquer :

> « Je crois voir en ceci l'image d'une Ville
> Où l'on met les deniers à la merci des gens. »

• L'explication se fait plus insistante dans «Le Rat et l'Huître» (VIII, 9) :

> « Cette fable contient plus d'un enseignement :
>   Nous y voyons premièrement [...]. »

3 • Le témoignage et la confidence

• Ailleurs, La Fontaine **évoque sa propre expérience** pour dégager une leçon plus générale. Sa critique des «devineresses» le conduit à dénoncer les superstitions de toutes sortes, trop fondées sur des malentendus, des erreurs et de trompeuses apparences, même lorsqu'il s'agit d'affaires de justice :

> « L'enseigne fait la chalandise.
> J'ai vu dans le Palais[1] une robe[2] mal mise
>   Gagner gros : les gens l'avaient prise
> Pour maître tel, qui traînait après soi
> Force écoutants. Demandez-moi pourquoi. »
> (« Les Devineresses », VII, 14.)

• Le **témoignage** peut se muer en une **confidence** qui incite, par exemple, à méditer sur la fuite du temps. Éloge de «l'amour tendre» et invitation au bonheur, tant qu'il en est encore temps, «Les Deux Pigeons» (IX, 2) s'achève sur cette interrogation mélancolique : «Ai-je passé le temps d'aimer ?»

DES MORALITÉS EN FORME DE RAISONNEMENT

La moralité repose par ailleurs sur une manière de raisonner : par induction, par analogie ou par transposition.

---

1. Palais : palais de justice. **2. Robe** : robe d'avocat.

1 • Raisonner par induction

La moralité peut prendre la forme d'un **raisonnement inductif** qui, à partir d'un fait particulier, remonte à une loi plus générale. Tout le long « Discours à madame de La Sablière » prend ainsi la forme d'une démonstration. De l'observation du comportement des castors, des rats, de la perdrix ou du cerf, La Fontaine tire une conclusion valable pour tous les animaux, ou du moins pour une grande partie d'entre eux : ceux-ci sont doués d'intelligence. Contre Descartes et ses disciples qui le niaient, il écrit :

> Le **raisonnement inductif** va du particulier vers l'universel, alors que le **raisonnement déductif** descend d'un fait général au cas particulier.

« Qu'on m'aille soutenir, après un tel récit,
Que les bêtes n'ont point d'esprit. »

2 • Raisonner par analogie

● L'analogie est un procédé qui rapproche deux réalités différentes par un jeu de comparaisons (*comme, de même que ... de même, ainsi...*). Elle permet souvent au fabuliste d'effectuer le **passage du monde animal à celui des humains** et de justifier la moralité. De même qu'une Mouche s'agite autour d'un Coche pour, pense-t-elle, le faire avancer plus vite :

« Ainsi certaines gens faisant les empressés
S'introduisent dans les affaires : »
(« Le Coche et la Mouche », VII, 8.)

● Raton le Chat « n'était pas content » d'avoir tiré les marrons du feu pour le seul bénéfice du Singe : « Aussi ne le sont pas [contents] la plupart de ces princes [...] » (« Le Chat et le Singe », IX, 17).

3 • Raisonner par transposition

● La transposition procède de manière différente. Elle **adapte ou projette dans le monde des humains ce qui se produit dans le monde animal**. Un pronom démonstratif en est souvent à l'origine :

« *Ceci* vous sert d'enseignement » (« La Cour du Lion », VII, 6) ;
« *Ceci* ressemble fort aux débats » (« La Chat, la Belette et le petit Lapin », VII, 15) ;
« *Ceci* montre aux provinces » (« Le Bassa et le Marchand », VIII, 18).

FICHE 3

● La **fable double « Le Héron. La Fille »** (VII, 14) est à cet égard un cas exemplaire. Le Héron se comporte comme la Fille et la Fille comme le Héron : ils ne trouvent jamais rien d'assez beau ou bon pour eux. À la fin, le Héron doit se contenter pour tout dîner d'un « limaçon » et la Fille, pour tout mari, d'un « malotru ».

DES MORALITÉS EN FORME DE DÉCOUVERTE

Certaines moralités prennent enfin des aspects plus inattendus : elles sont implicites, ou laissées à l'appréciation du lecteur, ou encore sont opposées au récit. N'étant pas immédiatement formulées, elles sont dans ces trois cas à découvrir.

1 • Des moralités implicites

● Certaines fables ne s'achèvent sur aucune moralité explicite. **Tantôt le récit se suffit à lui-même** ; en dégager une leçon ne serait que répétition et alourdissement du texte. En rendant au Financier les cent écus qu'il lui a donnés, le Savetier illustre l'adage[1] selon lequel l'argent ne fait pas le bonheur (« Le Savetier et le Financier », VIII, 3).

● **Tantôt la moralité est contenue dans les propos mêmes du personnage** :
– c'est le Rat qui se demande s'il peut compter sur la reconnaissance du Chat à qui il vient de sauver la vie (« Le Chat et le Rat », VIII, 22). La réponse est évidemment négative ;
– la réponse de la Mort, personnifiée, au vieillard qui ne veut pas mourir, est éclairante : « Le plus semblable aux morts meurt le plus à regret » (« La Mort et le Mourant », VIII, 1).

2 • Des moralités laissées à l'appréciation du lecteur

● Parfois le fabuliste s'amuse avec son lecteur à qui il laisse le soin d'**imaginer et de formuler la moralité** que l'on peut tirer de la fable. Il l'interpelle par exemple dans « Les Deux Amis » (VIII, 11). L'un, saisi en pleine nuit d'une soudaine inquiétude, se précipite chez l'autre pour savoir comment il va ; l'autre, s'imaginant que son ami est dans le besoin, lui propose son aide, de l'argent.

> « Qui d'eux aimait le mieux ? que t'en semble lecteur ?
> Cette difficulté vaut bien qu'on la propose. »

---

1. Adage : maxime ancienne et populaire.

- De même, la fable « Démocrite et les Abdéritains » (VIII, 26) qui montre que l'opinion d'un peuple n'est pas forcément fondée au plan philosophique ou scientifique, se clôt sur cette interrogation :

> « En quel sens est donc véritable
> Ce que j'ai lu dans certain lieu
> Que sa voix est la voix de Dieu ? »

3 • Des moralités qui s'opposent au récit

Enfin, la célèbre fable **« La Laitière et le Pot au lait »** (VII, 9) constitue un cas à part. La moralité que le fabuliste en tire est en effet diamétralement opposée au récit. Perrette part vendre son lait à la foire. Elle se met à rêver à ce qu'elle pourra acheter avec l'argent de la vente. Son pied glisse, elle tombe, le lait se renverse : « adieu veau, vache, cochon, couvée ». Le lecteur s'attend à une condamnation du rêve. C'est le contraire qui se produit. Le fabuliste entreprend de faire l'éloge du rêve :

> « Quel esprit ne bat la campagne ?
> Qui ne fait châteaux en Espagne ? [...]
> Chacun songe en veillant, il n'est rien de plus doux. »

Car, le temps de son rêve, Perrette a été heureuse, même si, bien sûr, son réveil a été brutal.

THÈME

La satire sociale : le procès de la cour

Au XVIIe siècle, la cour présente un double visage. L'un est brillant, séduisant, fascinant : la cour est l'objet de tous les désirs, de tous les rêves, le lieu de toutes les réussites. L'autre visage en est l'exact contraire : à la cour, le paraître ne coïncide jamais avec l'être, c'est le lieu où se concentrent vices et défauts, comme nulle part ailleurs. D'un bout à l'autre du siècle, s'instruit le procès des courtisans.

En voici les principaux réquisitoires, empruntés à des genres littéraires volontairement différents : la satire avec Mathurin Régnier, la comédie avec Molière, la fable avec La Fontaine, l'observation d'un moraliste avec La Bruyère, le témoignage historique avec Saint-Simon, et un tableau de François Marot, qui exprime toute l'ambiguïté de la vie de cour. Tous disent à leur façon que la cour, si somptueuse soit-elle, est un enfer.

DOCUMENT 1

MATHURIN RÉGNIER, *Satire III*, v. 77-105 (1613, édition posthume).

Né à Chartres en 1573 et mort à Paris en 1673, Mathurin Régnier est surtout connu pour ses Satires*, dont, en ce début du XVIIe siècle, le genre était à la mode. Dans la* Satire III*, Régnier répond à un ami qui lui conseille d'aller tenter sa chance à la cour. Le poète s'y refuse : la vie de cour est, à ses yeux, trop pleine de défauts et il est trop sincère et trop spontané pour y réussir. Si cruelle soit-elle, sa satire reste empreinte d'une certaine prudence : elle épargne le roi (Henri IV) dont elle fait au contraire l'éloge.*

> Car, pour dire le vrai, c'est un pays étrange[1]
> Où, comme un vrai Protée[2], à toute heure on se change,
> Où les lois, par respect[3] sages humainement,
> Confondent le loyer avec le châtiment ;
> 5 Et pour un même fait, de même intelligence,
> L'un est justicié[4], l'autre aura récompense.
> Car selon l'intérêt, le crédit ou l'appui
> Le crime se condamne et s'absout aujourd'hui.
> Je le dis sans confondre en ces aigres remarques

---

1. Un pays étrange : la cour.
2. Protée : dieu marin qui prenait les formes les plus diverses (voir le mot *protéiforme*).
3. Par respect : par respect pour le rang, pour la faveur.
4. Justicié : châtié.

THÈME

10 La clémence du roi[1], le miroir[2] des monarques,
    Qui, plus grand de vertu, de cœur et de renom,
    S'est acquis de Clément et la gloire et le nom.
    Or, quant à ton conseil qu'à la cour je m'engage,
    Je n'en ai pas l'esprit, non plus que le courage[3].
15 Il faut trop de savoir et de civilité,
    Et, si j'ose en parler, trop de subtilité.
    Ce n'est pas mon humeur : je suis mélancolique[4] ;
    Je ne suis point entrant[5], ma façon est rustique ;
    Et le surnom de bon me va-t-on reprochant,
20 D'autant que je n'ai pas l'esprit d'être méchant.
    Et puis, je ne saurais me forcer ni me feindre ;
    Trop libre en volonté, je ne me puis contraindre.
    Je ne saurais flatter, et ne sais point comment
    Il faut se faire accort[6] ou parler faussement,
25 Bénir les favoris de geste et de paroles,
    Parler de leurs aïeux au jour de Cérisoles[7],
    Des hauts faits de leur race, et comme ils ont acquis
    Ce titre, avec honneur, de ducs et de marquis.

DOCUMENT 2

MOLIÈRE (1662-1673), *Le Misanthrope* (1666), III, 5.

Dans cette pièce, l'une de ses plus grandes et plus profondes comédies, Molière campe le personnage d'Alceste, un « misanthrope » précisément, qui déteste l'hypocrisie de la vie mondaine. Le voici qui, paradoxalement, tombe amoureux de Célimène, une mondaine, qui tient un salon où elle reçoit des gens de la cour. Ancienne coquette et nouvelle prude, Arsinoé voudrait également s'attacher Alceste. Elle lui propose de l'aider à faire carrière à la cour, où elle compte quelques amis. Refus net d'Alceste, qui se sait trop sincère pour vivre dans ce milieu de mensonges et de fausses apparences.

---

1. Henri IV.
2. Le miroir : le modèle.
3. Le courage : le désir, l'envie.
4. Mélancolique : d'humeur farouche, donc peu compatible avec la vie de cour.
5. Entrant : entreprenant.

6. Il faut se faire accort : il faut agir avec prudence, avec circonspection.
7. Cérisoles : nom d'une victoire française remportée dans le Piémont en 1544 sur les Impériaux (les troupes de Charles-Quint).

THÈME

ARSINOÉ

Pour moi, je voudrais bien que, pour vous montrer mieux,
Une charge à la Cour vous pût frapper les yeux.
Pour peu que d'y songer vous nous fassiez les mines[1],
On peut pour vous servir remuer des machines[2],
Et j'ai des gens en main que j'emploierai pour vous,
Qui vous feront à tout un chemin assez doux.

ALCESTE

Et que voudriez-vous, Madame, que j'y fisse ?
L'humeur dont je me sens veut que je m'en bannisse.
Le ciel ne m'a point fait, en me donnant le jour,
Une âme compatible avec l'air de la Cour ;
Je ne me trouve point les vertus nécessaires
Pour y bien réussir et faire mes affaires.
Être franc et sincère est mon plus grand talent ;
Je ne sais point jouer[3] les hommes en parlant ;
Et qui n'a pas le don de cacher ce qu'il pense
Doit faire en ce pays[4] fort peu de résidence.
Hors de la Cour, sans doute, on n'a pas cet appui
Et ces titres d'honneur qu'elle donne aujourd'hui ;
Mais on n'a pas aussi, perdant ces avantages,
Le chagrin de jouer de fort sots personnages :
On n'a point à souffrir mille rebuts[5] cruels,
On n'a point à louer les vers de messieurs tels[6],
À donner de l'encens à madame une telle,
Et de nos francs marquis essuyer la cervelle[7].

---

1. Vous nous fassiez les mines : vous en manifestiez le désir.
2. Remuer des machines : recourir à des intrigues.
3. Jouer : tromper.
4. En ce pays : la cour.
5. Rebuts : refus.
6. Messieurs tels : messieurs Untel.
7. Essuyer la cervelle : supporter les sottises.

THÈME

DOCUMENT 3

JEAN DE LA FONTAINE, « La Cour du Lion » *Fables*, VII, 6 (1678) → p. 32.

« La Cour du Lion » est une double satire : d'une part du roi, d'autre part des courtisans. Le roi est un monarque sanguinaire qui ne supporte ni la vérité, ni la satire excessive. Le courtisan (le Renard) s'adapte à la situation : il n'est ni sincère, ni « fade adulateur ». Dans cette dénonciation des vices de la cour, La Fontaine souligne ainsi la responsabilité du roi.

DOCUMENT 4

JEAN DE LA BRUYÈRE (1645-1696), « De la Cour », *Les Caractères*, 62 (1688).

Jean de La Bruyère est l'auteur d'un seul livre, Les Caractères *(1688), mais qu'il n'a cessé d'enrichir au fur et à mesure de ses éditions successives. C'est un moraliste, au sens du XVIIe siècle, c'est-à-dire qu'il analyse les mœurs de la société de son temps. L'œuvre se présente comme une succession de maximes, de réflexions et de portraits, répartis en seize chapitres : « Des ouvrages de l'esprit », « Des femmes », « De la ville », « Des Grands », « De la Cour »... L'extrait qui suit est une peinture sans concession du comportement du courtisan sous le règne de Louis XIV.*

N'espérez plus de candeur[1], de franchise, d'équité, de bons offices, de services, de bienveillance, de générosité, de fermeté dans un homme qui s'est depuis quelque temps livré à la cour, et qui secrètement veut sa fortune. Le reconnaissez-vous à son visage, à ses entretiens ? il ne nomme plus chaque
5 chose par son nom ; il n'y a plus pour lui de fripons, de fourbes, de sots et d'impertinents : celui dont il lui échapperait de dire ce qu'il pense, est celui-là même qui, venant à le savoir, l'empêcherait de cheminer[2] ; pensant mal de tout le monde, il n'en dit de personne ; ne voulant du bien qu'à lui seul, il veut persuader qu'il en veut à tous, afin que tous lui en fassent, ou que nul du moins
10 lui soit contraire. Non content de n'être pas sincère, il ne souffre pas[3] que personne le soit ; la vérité blesse son oreille : il est froid et indifférent sur les observations que l'on fait sur la cour et sur les courtisans ; et parce qu'il les a entendues, il s'en croit complice et responsable. Tyran de la société et martyr de son ambition, il a une triste circonspection[4] dans sa conduite et dans ses
15 discours, une raillerie innocente, mais froide et contrefaite, un ris[5] forcé,

---

1. Candeur : innocence.
2. Cheminer : avancer, faire carrière.
3. Il ne souffre pas : il ne supporte pas.
4. Circonspection : prudence.
5. Ris : rire.

244

des caresses contrefaites, une conversation interrompue et des distractions fréquentes. Il a une profusion, le dirai-je ? des torrents de louanges pour ce qu'a fait ou ce qu'a dit un homme placé et qui est en faveur, et pour tout autre une sécheresse de pulmonique[1] ; il a des formules de compliments différents pour l'entrée et pour la sortie à l'égard de ceux qu'il visite ou dont il est visité ; et il n'y a personne de ceux qui se payent de mines et de façons de parler qui ne sorte d'avec lui satisfait. Il vise également à se faire des patrons et des créatures[2] ; il est médiateur, confident, entremetteur : il veut gouverner.

DOCUMENT 5

SAINT-SIMON (Louis de Rouvroy, duc de), *Mémoires* (rédigés de 1743 à 1752 ; première publication posthume en 1829-1830).

Les Mémoires *du duc de Saint-Simon (1675-1755) sont un tableau saisissant et cruel du règne de Louis XIV qu'en grand aristocrate il n'aime pas. Le Grand Dauphin, comme on l'appelait alors, était le fils aîné du roi et appelé en conséquence à succéder à son père le jour venu. Or il meurt soudainement en 1712 – trois ans avant son père. Toute la cour est en deuil. Sous les mines attristées, Saint-Simon décèle le jeu des ambitions et des intrigues, qui se concentrent maintenant sur le duc de Bourgogne, le petit-fils de Louis XIV, qui deviendra Louis XV. Page d'histoire, l'extrait qui suit n'appartient donc pas en propre au genre littéraire de la satire. Mais il est aussi violent qu'une satire, comme si, par-delà les années et les circonstances, Saint-Simon donnait raison à La Fontaine.*

Plus avant commençait la foule des courtisans de toute espèce. Le plus grand nombre, c'est-à-dire les sots, tiraient des soupirs de leurs talons, et, avec des yeux égarés et secs, louaient Monseigneur, mais toujours de la même louange, c'est-à-dire de bonté, et plaignaient le roi de la Terre[3] de la perte d'un si bon fils. Les plus fins d'entre eux ou les plus considérables s'inquiétaient déjà de la santé du roi ; ils se savaient bon gré de conserver tant de jugement parmi ce trouble, et n'en laissaient pas douter par la fréquence de leurs répétitions. D'autres, vraiment affligés, et de cabale frappée[4], pleuraient amèrement, ou se contenaient avec un effort aussi aisé

---

1. Pulmonique : pulmonaire.
2. Des patrons et des créatures : des plus puissants que lui et des gens qui dépendent entièrement de lui.
3. Le roi de la Terre : Louis XIV, que Saint-Simon n'aimait pas.
4. De cabale frappée : faisant partie de la cabale (du clan) du Grand Dauphin, dont il n'aurait plus la protection.

10   à remarquer que les sanglots. Les plus forts de ceux-là, ou les plus politiques, les yeux fichés à terre et reclus[1] en des coins, méditaient profondément aux suites d'un événement si peu attendu, et bien davantage sur eux-mêmes. [...] Ceux qui déjà regardaient cet événement comme favorable avaient beau pousser la gravité jusqu'au maintien[2] chagrin et austère, le tout n'était
15   qu'un voile clair, qui n'empêchait pas de bons yeux de remarquer et de distinguer tous leurs traits. Ceux-ci se tenaient aussi tenaces en place[3] que les plus touchés, en garde contre l'opinion, contre la curiosité, contre leur satisfaction, contre leurs mouvements[4] ; mais leurs yeux suppléaient au peu d'agitation de leurs corps.

DOCUMENT 6

FRANÇOIS MAROT (1666-1719), Première promotion des chevaliers de l'ordre de Saint-Louis le 10 mai 1693. Le tableau date, lui, de 1710. (→ 3ᵉ de couverture)

Solennelle, la scène montre bien la toute-puissance du roi, d'où tout émane, les honneurs comme les disgrâces. Les récipiendaires (les décorés) sont à genoux. Les autres personnages regardent, tout en pensant vraisemblablement, comme le dirait Saint-Simon, à l'injustice de ne pas en faire partie. Sous la solennité et le décorum, l'envie, l'obéissance. Par la cour, le roi tient sa noblesse.

---

1. Reclus : se tenant à l'écart.
2. Maintien : posture.
3. Aussi tenaces en place : aussi résolument attentifs.
4. Contre leurs mouvements : contre leurs gestes (qui pourraient les trahir).

ÉCRIT

Comment vivre au mieux ? | SUJET D'ÉCRIT 1 |

Objet d'étude : la question de l'homme dans les genres de l'argumentation.

DOCUMENTS

- **PILPAY**, *Le Livre des Lumières* (1644 pour la traduction française) → TEXTE 4, p. 183
- **LA FONTAINE**, « Le Songe d'un habitant du Mogol », *Fables* (1678) → TEXTE 7, p. 189
- **FLORIAN**, « L'Aveugle et le Paralytique », *Fables* (1792) → TEXTE 12, p. 201
- **ANOUILH**, « La Cigale », *Fables* (1962) → TEXTE 19, p. 214

QUESTIONS SUR LE CORPUS

1 Quelle leçon de vie se dégage de ces quatre fables ?

2 Quels procédés argumentatifs les auteurs utilisent-ils principalement ?

TRAVAUX D'ÉCRITURE

Commentaire (séries générales)

Vous ferez le commentaire de la fable de Florian (texte 11, p. 201).

Commentaire (séries technologiques)

Vous ferez le commentaire de la fable de Florian, « L'Aveugle et le Paralytique » (texte 12, p. 201), en vous aidant des pistes de lecture suivantes.
– Quels registres Florian utilise-t-il principalement ?
– Combien de voix se font entendre dans la fable ?

Dissertation

Faut-il, selon vous, conseiller la lecture des fables aux enfants ? Répondez à cette question en vous appuyant sur les fables du corpus mais aussi sur celles que vous pouvez connaître par ailleurs.

ÉCRITURE D'INVENTION

Imaginez à votre tour une fable (rédigée en prose) qui, dans un contexte moderne, appelle les lecteurs à la solidarité.

ÉCRIT

Le procès de l'homme | SUJET D'ÉCRIT 2 |

Objet d'étude : la question de l'homme dans les genres de l'argumentation.

DOCUMENTS

- **LA FONTAINE**, « L'Homme et la Couleuvre », *Fables* (1668) → TEXTE 8, p. 192
- **VOLTAIRE**, *Dialogue du Chapon et de la Poularde* (1765) → TEXTE 11, p. 199
- **VIGNY**, « La Mort du Loup », *Les Destinées* (1864) → TEXTE 15, p. 207
- **ORWELL**, *La Ferme des animaux* (1945, trad. 1947) → TEXTE 17, p. 209

QUESTIONS SUR LE CORPUS

1 Quelles accusations les animaux portent-ils contre les hommes en général ?

2 Quelles conclusions concrètes en tirent-ils ?

TRAVAUX D'ÉCRITURE

Commentaire (séries générales)

Vous ferez le commentaire du texte d'Orwell (texte 17, p. 209).

Commentaire (séries technologiques)

Vous ferez le commentaire du texte d'Orwell (texte 17, p. 209), en vous aidant des pistes de lecture suivantes.
– À quoi l'orateur appelle-t-il et pourquoi ?
– Quelles expressions appartiennent au vocabulaire révolutionnaire ?

Dissertation

Qu'est, selon vous, le genre littéraire de la fable ? Appuyez-vous pour répondre sur les textes du corpus et sur les autres fables que vous connaissez.

ÉCRITURE D'INVENTION

Vous êtes l'avocat de l'homme : imaginez la plaidoirie que vous pourriez prononcer en réponse aux accusations portées par les animaux.

ORAL

Une fable poétique | SUJET D'ORAL 1 |

- **LA FONTAINE**, « Le Héron. La Fille », *Fables*, VII, 4 → p. 25

Du début de cette fable double, jusqu'au vers 31 : « Surtout quand vous avez à peu près votre compte ».

PROBLÉMATIQUE

La fable illustre un vieux précepte de sagesse populaire, selon lequel le mépris et le dédain sont des attitudes moralement répréhensibles et dangereuses. La fable vaut donc moins par ce qu'elle dit que par la manière dont elle le dit. C'est une fable qui allie poésie et sens de l'action.

STRUCTURE DE LA FABLE

– Un prologue poétique (v. 1-6) : description tout en hauteur du Héron et de sa déambulation le long d'une rivière.

– Le corps proprement dit de la fable, qui s'organise en trois saynètes : la carpe (v. 7-11), la tanche (v. 12-19) et le goujon (v. 20-22).

– Le dénouement (v. 23-26) : le héron est tout heureux de se contenter d'un limaçon.

– La morale de la fable, qui sert de conclusion : « On se hasarde de perdre en voulant trop gagner » (v. 29).

QUESTION

Comment la fable progresse-t-elle ?

Pour vous aider à répondre
Elle progresse par une succession de refus, le Héron se tournant vers des mets de moins en moins succulents : après la carpe, morceau de choix, la tanche, morceau de moindre qualité, puis le goujon, de plus petite taille.

COMME À L'ENTRETIEN

1 Qu'est-ce qui fait la poésie de cette fable, et notamment du prologue (champ lexical, rythme et images) ?

2 Comment se manifeste grammaticalement l'orgueilleux dédain du Héron (champ lexical, temps verbaux) ?

ORAL

3 En quoi le vers 26 constitue-t-il une chute, à laquelle le lecteur ne s'attend pas ?

4 À qui s'adresse cette fable en général et à quel type de lecteur en particulier ?

Une fable comique | SUJET D'ORAL 2 |

• **LA FONTAINE**, « Le Rieur et les Poissons », *Fables*, VIII, 8 → p. 82

PROBLÉMATIQUE

Comment cette fable innove-t-elle par sa structure et sa « moralité » ?

STRUCTURE DE LA FABLE

– Du vers 1 à 7 : intervention personnelle du fabuliste, qui dit apprécier fort peu les Rieurs.

– Du vers 8 à 23 : la fable proprement dite, qui montre l'ingéniosité, l'inventivité du Rieur.

– Du vers 24 à 31 : nouvelle intervention du fabuliste, qui commente sa propre fable.

QUESTION

À quel subterfuge le Rieur recourt-il ?

Pour vous aider à répondre
Le Rieur feint d'interroger les Poissons pour qu'ils lui donnent des nouvelles de la traversée en mer de l'un de ses amis. Comme cet ami est parti pour les « Grandes Indes » (l'Amérique), il lui faut donc de gros poissons. Personne n'est dupe mais tous sont amusés. À remarquer que le Rieur est le seul… à ne pas rire.

COMME À L'ENTRETIEN

1 En quoi cette fable diffère-t-elle par sa structure d'une fable traditionnelle ?

2 Pourquoi le fabuliste qualifie-t-il les « diseurs de bons mots » de « méchants » ?

3 En quoi consiste l'humour des vers 27 à 31 ?

ORAL

Un cochon philosophe | SUJET D'ORAL 3 |

- **LA FONTAINE**, « Le Cochon, la Chèvre et le Mouton », *Fables*, VIII, 12 → p. 90

PROBLÉMATIQUE

Conduire des animaux à la foire pour les vendre ou à l'abattoir pour les tuer est une scène familière dans une économie agricole. La Fontaine s'en sert pour illustrer une attitude morale (philosophique) de la plus haute importance : que faire devant un malheur aussi prévisible qu'inévitable ?

STRUCTURE DE LA FABLE

Elle se compose d'un récit en deux mouvements, suivi d'une morale.
– Premier mouvement (v. 1-12) : sur le chemin de la foire, Dom Pourceau, un cochon « fort gras », crie (grogne) à tue-tête, tandis que ses deux compagnons de voyage demeurent silencieux.
– Second mouvement (v. 13-28) : s'ensuit un dialogue entre le Charton et le Cochon. Dans un premier temps, le Charton multiplie les reproches envers le Cochon : que ne fait-il comme la Chèvre et le Mouton (v. 13-17) ? Dans un second temps, le Cochon réplique au Charton que s'il crie tant c'est parce qu'il sait qu'on le conduit à la foire pour l'égorger, tout comme les deux autres (v. 17-28).
– Moralité (v. 29-32) : le fabuliste donne raison au Cochon, tout en reconnaissant que ses cris sont inutiles. Il ne sert à rien de protester devant un malheur inévitable.

QUESTION

Comment le Charton traite-t-il ses animaux ?

Pour vous aider à répondre
Il les traite comme s'il s'agissait d'êtres humains. Il leur parle, il tente de convaincre le Cochon de se taire, il fait appel aux usages de la vie en société, il utilise un langage d'adulte parlant à d'autres adultes. Cela crée un contraste qui est source de comique.

COMME À L'ENTRETIEN

1 Quels sont les ressorts comiques de cette fable (ton du récit, nature de la conversation, référence au code de civilité…) ?
2 « Dom Pourceau raisonnait en subtil personnage » (v. 29) : expliquez pourquoi.
3 La morale vous semble-t-elle découler logiquement du récit ?
4 À quel système philosophique le fabuliste se réfère-t-il implicitement ?

ORAL

Une tragédie en deux actes | SUJET D'ORAL 4 |

- **LA FONTAINE**, « Le Milan et le Rossignol », *Fables*, IX, 18 → p. 162

PROBLÉMATIQUE

Cette scène de la vie animalière est une tragédie en miniature, où le prisonnier, un Rossignol, plaide en vain sa grâce.

STRUCTURE DE LA FABLE

Deux mouvements principaux la composent.
– Premier mouvement (v. 1-5) : exposition de la situation. Un Milan, oiseau rapace, prend dans ses serres un malheureux Rossignol.
– Second mouvement (v. 6-20) : dialogue entre la future victime et son bourreau. Dans un premier temps, le Rossignol plaide sa cause et demande la vie sauve (v. 6-13). Réponse du Milan, dans un second temps, qui rejette la demande de grâce de l'oiseau et le mange.
– À noter que la morale de la fable (v. 25), passée en proverbe, n'est pas détachée du corps du récit mais est intégrée au discours du Milan pour lui servir de conclusion.

QUESTION

Quelle argumentation le Rossignol développe-t-il pour défendre sa cause et sa vie ?

Pour vous aider à répondre

Appel à l'intérêt du Milan, pour qui un petit Rossignol ne saurait constituer un repas (v. 6-7) ; appel à son sens moral par l'exemple du roi Térée : il faut savoir dominer ses envies (v. 8-10) ; appel enfin à son sens esthétique, musical : le Rossignol chante trop bien pour être tué. L'argumentation est rationnelle, elle joue sur plusieurs registres. Mais – erreur du Rossignol ! – elle est en porte-à-faux : le Milan a faim.

COMME À L'ENTRETIEN

1 Par quelle métaphore le Rossignol est-il dépeint ? Pourquoi ?
2 Pourquoi le Rossignol rapporte-t-il précisément l'histoire de Térée ?
3 Quels traits de caractère du Milan percent dans ses réponses au Rossignol ?
4 Comment comprendre l'expression : « Vraiment, nous voici bien » (v. 15) ?

LECTURES DE L'IMAGE

La société de cour | LECTURE 1 |

DOCUMENT

- **FRANÇOIS MAROT**, *Première promotion des chevaliers de l'ordre de Saint-Louis*, **1710.** Huile sur toile, 51 x 76 cm. Versailles, Musée national du château et des Trianons.
→ 2e de couverture et p. 246

Peintre et dessinateur, François Marot (1666-1719) reçoit commande d'une esquisse afin de réaliser l'une des tapisseries de L'Histoire du Roy (Louis XIV). Sa contribution, la *Première promotion des chevaliers de Saint-Louis*, restera cependant à l'état de projet. Le tableau représente une cérémonie officielle, la création de l'ordre de Saint-Louis le 10 mai 1693, ordre militaire destiné à récompenser les officiers ayant le plus valeureusement servi le roi et la monarchie.

QUESTIONS

1 Quelle idée de la vie de cour le tableau donne-t-il ?
2 Comment se manifestent la primauté et la puissance du roi ?
3 Qui peuvent bien être les personnages debout dans la partie gauche du tableau ?

La Fontaine mis en scène | LECTURE 2 |

DOCUMENT

***Fables de Jean de La Fontaine*, spectacle mis en scène par Robert Wilson, Paris, Comédie-Française, 2004.** → 3e de couverture

En 2004, le metteur en scène et plasticien américain Robert Wilson donne à la Comédie-Française une représentation de dix-neuf fables de La Fontaine – dont certaines sont parmi les plus célèbres : « Le Loup et l'Agneau », « La Cigale et la Fourmi », « Le Corbeau et le Renard » –, dites et interprétées par des comédiens. Le spectacle renouvelait la vision des fables, souvent lues chez soi et à voix basse. Cette approche nouvelle fut ici et là diversement appréciée. Une reprise eut lieu en décembre 2007 et janvier 2008.

QUESTIONS

1 En quoi cette mise en scène s'apparente-t-elle à une danse ?
2 Quels animaux sont représentés ?
3 Quelle signification donner à la présence du comédien en arrière-plan (et qui ne figure pas un animal) ?

Index des fables

A • B

À Madame de Montespan 15
Animaux malades de la peste (Les), VII, 1 17
Animal dans la Lune (Un), VII, 17 58
Âne et le Chien (L'), VIII, 17 103
Avantage de la science (L'), VIII, 19 107
Bassa et le Marchand (Le), VIII, 18 104
Berger et son troupeau (Le), IX, 19 163

C • D

Chat et le Rat (Le), VIII, 22 113
Chat et le Renard (Le), IX, 14 154
Chat, la Belette et le petit Lapin (Le), VII, 15 54
Chien qui porte à son cou le dîné de son maître (Le), VIII, 7 80
Cierge (Le), IX, 12 152
Coche et la Mouche (Le), VII, 8 38
Cochon, la Chèvre et le Mouton (Le), VIII, 12 90
Cour du Lion (La), VII, 6 32
Curé et le Mort (Le), VII, 10 43
Démocrite et les Abdéritains, VIII, 26 119
Dépositaire infidèle (Le), IX, 1 127
Deux Amis (Les), VIII, 11 87
Deux Chiens et l'Âne mort (Les), VIII, 25 117
Deux Coqs (Les), VII, 12 48
Deux Pigeons (Les), IX, 2 130
Devineresses (Les), VII, 14 52
Discours à Madame de La Sablière, IX 165

E • F

Écolier, le Pédant et le Maître d'un jardin (L'), IX, 5 137
Éducation (L'), VIII, 24 116
Faucon et le Chapon (Le), VIII, 21 111

Femmes et le Secret (Les), VIII, 6 78
Fou qui vend la sagesse (Le), IX, 8 144

G • H • I
Gland et la Citrouille (Le), IX, 4 135
Héron • La Fille (Le), VII, 4 25
Homme et la Puce (L'), VIII, 5 77
Homme qui court après la Fortune et l'Homme qui l'attend dans son lit (L'), VII, 11 44
Horoscope (L'), VIII, 16 99
Huître et les Plaideurs (L'), IX, 9 145
Ingratitude et l'Injustice des hommes envers la Fortune (L'), VII, 13 50

J • L • M
Jupiter et le Passager, IX, 13 153
Jupiter et les Tonnerres, VIII, 20 108
Laitière et le Pot au lait (La), VII, 9 39
Lion, le Loup et le Renard (Le), VIII, 3 71
Loup et le Chasseur (Le), VIII, 27 121
Loup et le Chien maigre (Le), IX, 10 148
Mal marié (Le), VII, 2 22
Mari, la Femme et le Voleur (Le), IX, 15 157
Milan et le Rossignol (Le), IX, 18 162
Mort et le Mourant (La), VIII, 1 63

O • P • R
Obsèques de la Lionne (Les), VIII, 14 94
Ours et l'Amateur des jardins (L'), VIII, 10 85
Pouvoir des Fables (Le), VIII, 4 74
Rat et l'Éléphant (Le), VIII, 15 98
Rat et l'Huître (Le), VIII, 9 83
Rat qui s'est retiré du monde (Le), VII, 3 24
Rien de trop, IX, 11 149
Rieur et les Poissons (Le), VIII, 8 82

S • T • V

Savetier et le Financier (Le), VIII, 2 67
Singe et le Chat (Le), IX, 17 160
Singe et le Léopard (Le), IX, 3 134
Souhaits (Les), VII, 5 29
Souris métamorphosée en fille (La), IX, 7 140
Statuaire et la Statue de Jupiter (Le), IX, 6 138
Tête et la Queue du Serpent (La), VII, 16 56
Tircis et Amarante, VIII, 13 91
Torrent et la Rivière (Le), VIII, 23 115
Trésor et les deux Hommes (Le), IX, 16 158
Vautours et les Pigeons (Les), VII, 7 36

 Achevé d'imprimer par Grafica Veneta SpA - Italie
dépôt légal n° 02810-4/03 - Décembre 2018